U0734123

前 言

　　在传统零售行业拥抱互联网的同时，阿里巴巴先后投资苏宁易购、联华超市、高鑫零售、居然之家等公司；腾讯先后投资永辉超市、万达集团、海澜之家、华润集团等公司。由此可见，传统零售企业巨头与知名互联网公司正从昔日的"对立"走向"融合"，线上线下开始进行一体化布局。这意味着零售和互联网行业正在进行着一场商业变革，进入一个新的时代——新零售时代。

　　"新零售"概念自2016年被提出以来，传统零售和互联网行业纷纷开始布局，抢占市场先机。近年来，随着消费升级与技术革新，新零售行业正在高速发展。新零售通过人工智能、大数据、机器视觉、物联网、VR/AR、3D打印等技术将线上、线下、物流有效融合在一起，开展全渠道零售，不仅提高了商品流通效率，降低了生产企业和零售商的销售成本、提高了利润，还通过一系列的场景打造，提升了消费者的购物体验，满足了消费者个性化需求。新零售与传统零售、纯电子商务的区别在于新零售打通了传统零售与纯电子商务的界限，融合了两者的优势，实现了互补。

　　新零售不再是商界"大咖"的专用名词，而是存在于我们生活中触手可及的各个角落，那么对于新零售你又知道多少呢？

　　天猫小店，如何利用大数据助力线下零售？

　　盒马鲜生，为什么坚持必须用App才能买单？

　　居然之家，为什么要让导购做线上直播？

　　阿里巴巴和京东，布局了哪些新零售业务？

　　新零售的未来在何方？商家们应该怎么做才可应对？

　　新零售不再那么神秘，所有跟零售有关的从业人员都需要去掌握它的新思维和新方法，因为有交易的地方就可能有新零售。本书将为读者带来三大收获：

理解 新零售之变	对新零售崛起的背景及发展动力进行梳理，提出新零售概念，揭开新零售时代下零售变化的本质
掌握 新零售步骤	给出新零售运营步骤：重新认识消费者、搭建新的消费场景、构建全渠道营销、完善数据平台等，通过此部分内容，读者将快速掌握新零售运营方法
借鉴 新零售实践	通过分析各个企业的新零售打法，读者将更加清楚新零售各个步骤的实战打法，从而更好地应用到业务中

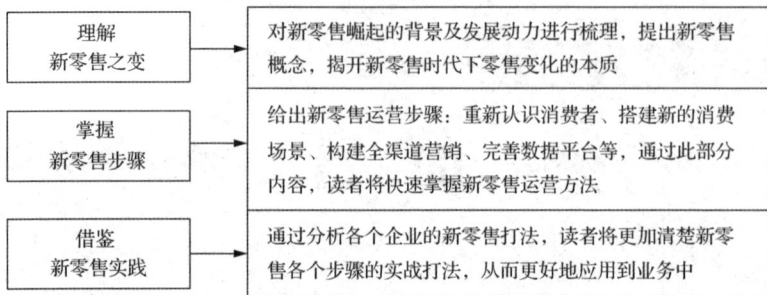

本书既能够为新零售从业者和决策者提供业务决策和落地方法参考，也能够为传统零售企业和互联网企业转型新零售提供实战手册。

本书编写特色

● **系统全面、重点突出**：本书既对新零售知识体系进行了系统全面的梳理，又突出了新零售重点，让读者在系统认识新零售基础上，重点掌握新零售的各个流程。

● **案例丰富、分析到位**：本书不仅引用大量案例来帮助读者更好地理解新零售相关知识，更是专门以"新零售案例"为章节，选取典型企业的新零售业务流程进行深入分析。

● **图文并茂、强化应用**：本书采用图解教学的形式，图文并茂，让读者在学习过程中更直观、更清晰地掌握新零售中的相关应用，全面提升学习效果。

● **同步微课，资源丰富**：本书配备了一系列数字化资源，读者只需用手机扫描封面的二维码，即可观看对应的微课视频，方便直观，即学即会。同时，本书还提供了PPT、教案、案例素材等立体化的学习资源。

现将本书与人邮学院的配套课程使用方法介绍如下。

1．读者购买本书后，刮开粘贴在书封底上的刮刮卡，获取激活码（见图1）。

2．登录人邮学院网站（www.rymooc.com），使用手机号码完成网站注册（见图2）。

图 1　激活码　　　　　　　　　图 2　人邮学院首页

3．注册完成后，返回网站首页，单击页面右上角的"学习卡"选项（见图3）进入"学习卡"页面（见图4），即可获得慕课课程的学习权限。

智·慧·商·业
创新型人才培养系列教材

认识
Understanding New Retail
新零售

慕课版

许应楠
——
主编

刘超 马妙明 翟静娟
——
副主编

人民邮电出版社
北京

图书在版编目（CIP）数据

认识新零售：慕课版 / 许应楠主编. -- 北京：人民邮电出版社，2020.10（2024.2重印）
智慧商业创新型人才培养系列教材
ISBN 978-7-115-54589-3

Ⅰ. ①认… Ⅱ. ①许… Ⅲ. ①电子商务—教材 Ⅳ. ①F713.36

中国版本图书馆CIP数据核字(2020)第144189号

内 容 提 要

在 2016 年的云栖大会上，马云提出了"新零售"概念，经过几年的发展，"新零售"已经成为我国零售和互联网行业的一股热潮，席卷线上和线下。从传统零售企业巨头，到知名互联网企业，再到新兴创业公司，都在纷纷布局新零售，力争抢占市场先机。本书以提升读者对新零售的全面认知为核心，全面、系统地阐述了新零售相关知识，主要内容包括新零售的"前世今生"、新零售商业模式、新零售运营、新零售数据赋能、新零售的未来发展趋势、新零售案例等，希望读者能够在理解新零售相关知识的基础上，进一步提升新零售应用能力。

本书系统全面、结构合理、案例丰富、讲解透彻，既可作为本科院校、职业院校电子商务、连锁经营管理等专业学生的教材，也可供企业管理者、市场营销人员、电子商务从业者、实体店主管人员等职场人士学习和参考。

◆ 主　　编　许应楠
　　副 主 编　刘　超　马妙明　翟静娟
　　责任编辑　古显义
　　责任印制　王　郁　焦志炜
◆ 人民邮电出版社出版发行　　北京市丰台区成寿寺路 11 号
　　邮编　100164　电子邮件　315@ptpress.com.cn
　　网址　https://www.ptpress.com.cn
　　三河市君旺印务有限公司印刷
◆ 开本：700×1000　1/16
　　印张：10.75　　　　　　　2020 年 10 月第 1 版
　　字数：226 千字　　　　　2024 年 2 月河北第 5 次印刷

定价：42.00 元

读者服务热线：(010)81055256　印装质量热线：(010)81055316
反盗版热线：(010)81055315
广告经营许可证：京东市监广登字 20170147 号

图 3 单击"学习卡"选项

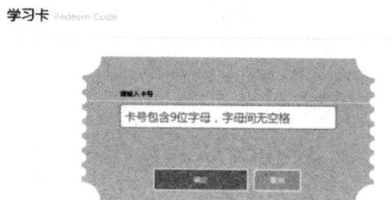

图 4 在"学习卡"页面输入激活码

4．获取权限后，读者可随时随地使用计算机、平板电脑及手机进行学习，还能根据自身情况自主安排学习进度。

5．书中配套的教学资源，读者也可在该课程的首页找到相应的下载链接。关于人邮学院平台使用的任何疑问，可登录人邮学院咨询在线客服，或致电：010 81055236。

本书编写组织

本书由苏州经贸职业技术学院许应楠担任主编，大庆技师学院刘超、西安铁路职业技术学院马妙明、朔州职业技术学院翟静娟担任副主编。在本书编写过程中，北京博导前程信息技术股份有限公司提供了大量的资料、文献、案例等素材。另外，在本书编写过程中，编者借鉴了一些出版物和网络资料的信息和数据，也得到了苏州市吴中山区西山碧螺春茶厂等企业一线运营人员的大力支持和帮助，在此一并表示感谢！

虽然我们在编写过程中力求准确、完善，但是由于编者水平和经验有限，书中难免会存在疏漏与不足之处，恳请广大读者批评指正，在此深表谢意！

编 者

2020年3月

CONTENTS

目 录

第1章
新零售的"前世今生"

通过阅读本章内容，你将：

- 了解新零售崛起背景；
- 掌握新零售的定义及核心要素；
- 掌握新零售的发展现状。

思维导图

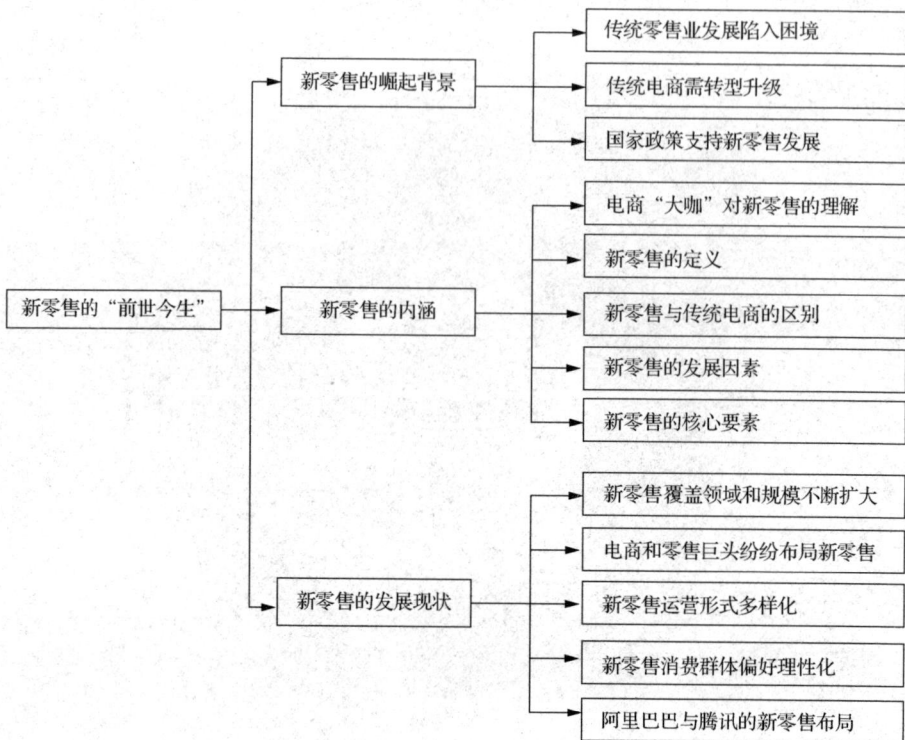

案例引入

　　2016 年，我国的百货商场、购物中心及大型超市共关闭了 185 家门店。其中百货商场与购物中心关闭 56 家门店，大型超市关闭 129 家门店，可能实际关店数量还远远不止这些。从全球来看，2016 年沃尔玛关闭了 269 家门店，乐购在英国关闭了 43 家门店，家乐福在中国关店超过 15 家。2017 年以来，情况更加严峻，根据瑞士信贷集团的分析可知，2017 年以来，美国关闭的店铺数量已经超过 2008 年受美国经济衰退影响而关闭的店铺数量。2017 年以来，美国已经有 2880 家零售商铺关闭，而在 2016 年同一时段有 1153 家商店关闭。截至 2019 年 2 月，美国大约有 8640 家店铺关闭，同比增长了 32.2%。

　　在互联网大潮的冲击下，各行各业都已发生不同程度的变化，而零售行业是受其影响较大的行业。尤其是近两年来，实体零售行业的低迷已经成为趋势，在互联网平台的挑战下暴露了诸多问题，如高库存、反应慢及落后的供应链系统，在各类问题堆积下，店铺关店潮此起彼伏。曾经门店数达到 112 家、营业额达到 180 亿元的广东省第一、全国十大连锁零售企业的"新一佳"也宣布破产清算,负债 10.8 亿元。过去新一佳超市的火爆程度不亚于沃尔玛。中国连锁经营协会历年连锁百强统计显示,新一佳在 2005—2012 年的 8 年时间里,销售规模从 110 亿元逐步攀升到 180 亿元,排名最高时位于连锁百强第 14 名。

这些年,电商不断在蚕食实体店的"蛋糕",从势如破竹的用户对用户(Consumer to Consumer,C2C)、企业对用户(Business to Consumer,B2C)电商到火爆一时的微商,从垂直电商到社交电商,从"网红"经济到直播经济,从生鲜、汽车、旅游、餐饮、医疗和家居等衣食住行的线上到线下(Online to Offline,O2O)电商到实体店企业的全渠道探索,从熙熙攘攘的街边服装小店到金碧辉煌的百货店,从大卖场到超市,从数码到时尚品牌,一批曾经很成功的企业正在从消费者的视线中消失,不少企业更是濒临生死线。

开动脑筋:

1. 传统零售在互联网时代受到哪些冲击?会慢慢消失吗?

2. 未来的零售装上互联网的"翅膀",会发展成什么样子?

1.1　新零售的崛起背景

经过 2016 年年底和 2017 年年初的短暂沉寂,自 2017 年 3 月起,新零售企业开始了井喷式的发展。近两年,不仅有知名度比较高的盒马鲜生、超级物种、食行生鲜等,也有像便利蜂、果小美、小 e 微店、果便利、叮咚买菜等一大批新零售企业开始出现,并不断改变着消费者的消费模式和习惯,尤其是生鲜电商类的新零售企业,越来越受资本的青睐。那么新零售近两年高速发展的原因究竟有哪些?

1.1.1　传统零售业发展陷入困境

过去的十年是实体阵营和电商阵营战略对抗的十年。过去的 BigBox(大卖场,百货店)遭遇业绩和估值双重打击,下跌最为惨烈。沃尔玛、百思买、梅西百货、Sears 百货、Target、JCPenney、Nordstrom、Kohls,从电商、O2O 到全渠道,艰难奋战之后,大部分公司的经营业绩都损失惨重:Sears 百货十年市值下跌 96%,JCPenney 下跌 86%,Nordstrom 下跌 33%,梅西百货下跌 55%,沃尔玛下跌 1%,只有沃尔玛勉强保住。十年前亚马逊的市值不足 300 亿美元,如今市值增长超过 30 多倍,截至 2020 年 2 月 24 日,亚马逊市值达到 1 万亿美元,已超过这八大零售商的总和。

从上述数据中可以看出,传统零售企业面临着价格战争、关店潮、倒闭潮、裁员潮、资金链断裂、经营业绩损失惨重甚至破产。传统零售企业经营困难,每况愈下,前景堪忧。那么是什么原因导致传统零售业陷入困境的呢?

1．经营模式趋同，零售企业间的竞争激烈

一方面，城市加快扩张，尤其是房地产业的迅猛发展，城市商业设施增长过快，且存在着"千店一面"的问题：品牌同质化非常严重，重复率在60%以上，在同一商圈内甚至高达90%。加之商业网点的发展缺少有效规划，甚至无规划，盲目发展，相同或类似的网点布局失衡，扎堆经营，造成资源浪费、恶性竞争、利润下滑。

另一方面，许多传统大型零售企业尝试与电商或互联网平台合作，提升大数据的运用能力。然而缺乏技术和数据分析等能力一直是传统零售企业的短板，其转型大多朝着便利店、连锁超市、社区超市和购物中心等模式转型，且转型模式趋同，导致同行业之间的竞争加剧。

2．经营成本增加，零售企业盈利能力下滑

2019年苏宁易购收购家乐福，欧洲三大零售巨头纷纷退场，除了受新零售的影响外，一定程度上反映了零售业的经营成本上涨对零售企业带来巨大的生存压力。根据中国连锁经营协会的数据显示，近年来大型超市经营成本继续上涨，员工薪酬总额上涨13.0%，房租上涨10.6%。这意味着，新开门店可能会面临20%以上的成本上涨压力，这种压力使得很多企业经营都只能在微利的边缘徘徊。在此背景下，很多传统零售卖场门店关闭（见表1-1）。

表1-1 传统零售卖场门店关闭一览表

模式	店铺名称	开业时间	关闭时间	关闭原因
超市	沃尔玛深圳园岭店、无锡红星路店、淮安店、连云港店等	2002年	2013年	成本压力大、经营不善、租约到期
超市	三江购物禾兴商场	2009年	2013年	经营不善
超市	麦德龙"餐饮通"	2010年	2013年	新模式试水失败
超市	永辉福建梅山店、郑州百盛店等5家门店	2005年前后	2013年	租约到期、盈利能力较弱
百货、购物中心	西安新玛特购物广场	2009年	2013年	竞争激烈、没有特色
百货、购物中心	百盛石家庄店	2009年	2013年	本地化不够
家电	五星电器青岛远洋店	2011年	2013年	租金过高、定位不准
家电	万得城上海7家门店	2010年	2013年	模式不适应退出中国

3．网络零售兴起，对零售业产生颠覆性冲击

随着互联网、大数据和云计算的快速发展和应用，网络零售迅速发展壮大，阿里巴巴和京东等电商平台迅速发展成为行业巨头，并不断瓜分零售业市场，以极快的速度向全国范围扩张。网络零售打破了时间和空间的界限，展现出强大的购物便利性，给传统零售业带来了更大的市场竞争压力。根据艾媒咨询发布的《2018年中国零售行业深度市场调查及投资决策报告》显示，2018年很多传统零售企业前三季度的营业收入都不及天猫、京东"双十一"当天的营业收入，如图1-1所示。

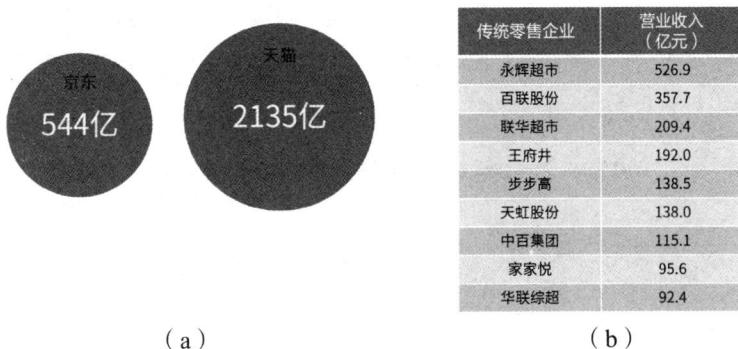

传统零售企业	营业收入（亿元）
永辉超市	526.9
百联股份	357.7
联华超市	209.4
王府井	192.0
步步高	138.5
天虹股份	138.0
中百集团	115.1
家家悦	95.6
华联综超	92.4

（a）　　　　　　　　　　（b）

图1-1　2018年电商平台"双十一"营业收入与部分传统零售企业
前三季度营业收入对比

2019年"双十一"全网销售额最终锁定在4101亿元，如图1-2所示，同比增长30.5%。其中，天猫销售额占全网销售额的65.5%，而京东、拼多多、苏宁易购分别以17.2%、6.1%和4.9%的占比位居其后。2009年的"双十一"全网销售额只有5000多万元，2019年的"双十一"全网销售额已经是2009年的8000多倍。

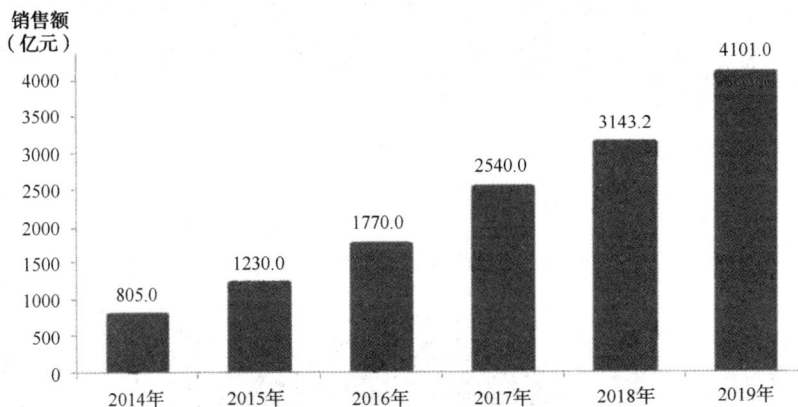

图1-2　历年"双十一"全网销售额统计情况

根据前瞻产业研究院发布的报告显示，2019年1月到4月中国社会消费品零售总额达到128376亿元。2019年1到4月全国网络零售额达到30439亿元，网络零售保持快速增长，线上销售占比稳步提升，如图1-3所示。

4．盈利模式单一，不适应现代商业的发展

传统百货店的盈利模式大多是建场收租的"二房东"模式，如图1-4所示。在收取租金的同时以联营分成的方式，从厂商销售额中抽成。大部分百货企业的自营商品比例为10%，一线百货企业毛利率也仅为20%，这比国外同行低近50%。有的实体店的自营比重几乎为零，主要是以提成返利为主。联营扣点的经营模式占到95%左右。面对外部租金上涨等各种压力，零售业通过提高扣点率和进场费等转嫁压力，这种压力最终传导到终端消费价格上，提高了商品价格。另外，由于自营比例低，难以发挥连锁经营和统一配送优势，达不到规模经营，这也使得成本居高不下。联营的品牌和渠道控制力弱，没有商品定价权，也制约了零售的发展。

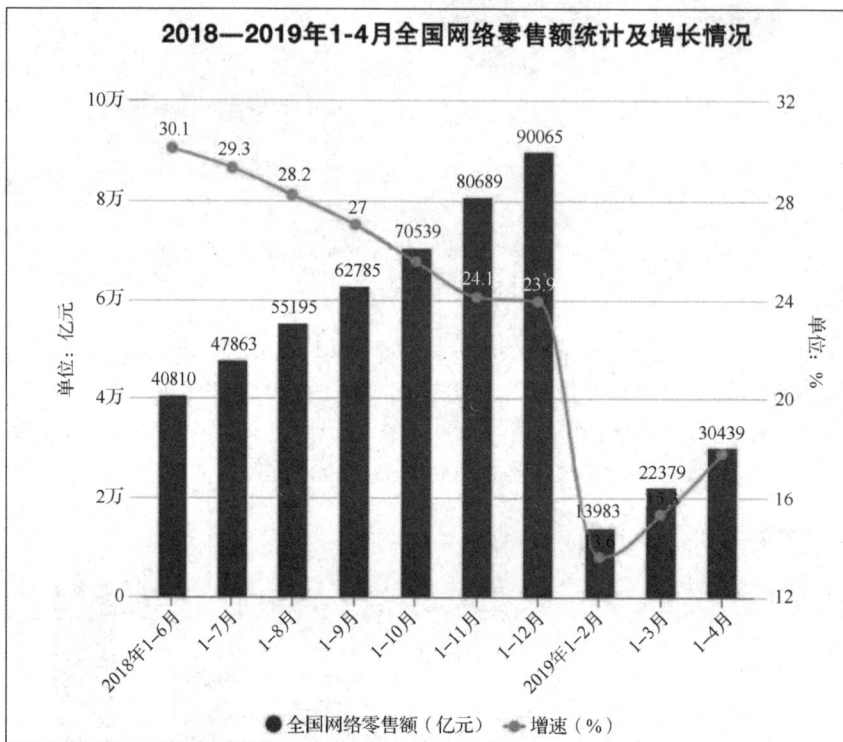

图1-3　网络零售保持快速增长

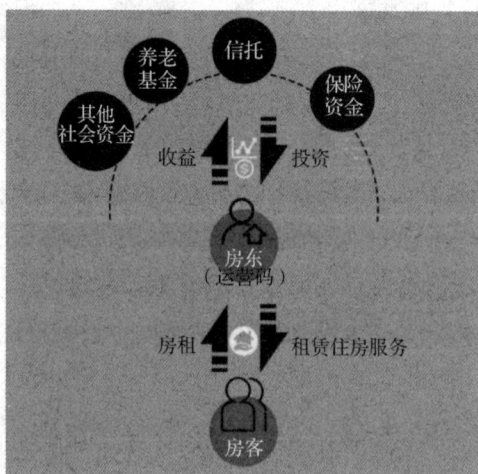

图1-4　传统百货店"二房东"模式

1.1.2　传统电商需转型升级

电商行业经过多年的发展，已逐渐成为传统行业，在经历了疯狂的增长之后，也开始遇到天花板，从一连串触目惊心的电商企业"死亡"名单中可见一斑（见表1-2）。

表1-2　电商企业"死亡"名单

名称	业务领域	融资记录	"死亡"时间
借卖网	外贸货源分销电商	2011年11月1日，A轮融资，金额2000万元，投资方为深圳市创新投资集团有限公司	2017年3月
许鲜	生鲜电商	2014年9月获得数百万元天使轮融资2015年获得数千万元A轮融资	2017年6月
拉手网	团购电商	2011年4月C轮1.1亿美元麦顿投资2010年12月B轮5 000万美元特纳亚资本投资	2018年7月
家园网	家庭服务电商	—	2018年10月
TOPSHOP天猫店	跨境电商	—	2018年11月

从以上数据可以看出，在电商高速疯狂发展的背后很多小公司倒闭，也有很多大公司开始布局线上和线下，这其中的原因是什么？

1．线上流量成本提高，流量红利逐渐消失

根据中国互联网络信息中心发布的第44次《中国互联网络发展状况统计报告》显示，截至2019年6月，我国网民规模达8.54亿，互联网普及率达61.2%，如图1-5所示。虽然我国网民规模越来越大，但是随着人们消费越来越理性，以及对消费体验的追求，流量红利逐渐消失，线上获客成本越来越高，无疑增加了电商行业的成本投入，线下获客成本反而降低了。为改变当前现状，电商企业需积极寻求商业模式的改革和创新，以满足当前时代的需求。

以阿里巴巴、京东、拼多多等为代表的电商企业经过多年的发展，已经渗透到普通人的生活。如今电商企业的竞争已经非常激烈，电商企业更多地将目光投向引流。电商引流简单来说就是通过各种网络渠道获得更多店铺流量，将目标消费者群引向自己的店铺。

在电商平台发展的早期，电商平台上商家的引流费用极其低廉；在电商平台发展的现阶段，随着越来越多电商消费者和商家进入平台，各个商家都开始争夺消费者，这导致淘宝、天猫等电商平台的流量费用水涨船高。作为电商平台上的商家，如果其他商家都在引流，而自己不进行引流，消费者都无法关注到自己的商品和店铺，销售就难以保证。

单位：万人

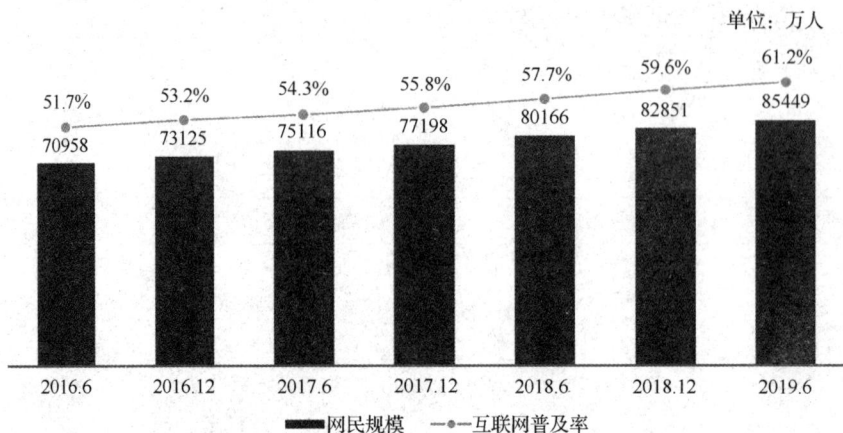

图1-5　我国网民规模和互联网普及率

所以，电商企业只有两种选择：一种是不做任何形式的引流，等着做完"朋友圈"的生意后自行倒闭；另外一种就是通过引流进入产品列表前3页。对于后者而言，一个残酷的事实就是，想进入产品列表前几页的电商企业太多，竞价就会把流量费用越抬越高，直到电商企业无钱可赚。这也解释了为什么很多人开网店后，基本上在半年到一年的时间就做不下去了。因为一年内，他们基本上可以靠亲朋好友的照顾维持网店的存活，但是过了这段时间就得花钱引流量了。为了进行引流，商家就要支付高额的引流费。在电商平台引流广告费用与日俱增的情况下，各大品牌广告费用率也逐步上升，此时线上开店的成本已经不比线下店低了。

2．消费者消费心理转变，注重极致的购物体验

电商时代的到来平衡了由于信息不对称而造成的价格差异，给消费者带来了价格上的实惠，消费者因此从实体店转向电商。如今，电商服务体验问题日渐突出，消费者对个性化的追求成了纯电商的新突破口，尤其是随着"80后""90后""00后"这些主力消费群体的崛起，他们更加注重商品和服务的品质，以及生活的效率和质量，他们追求的是一种极致的购物体验。因此如何使得消费者的体验更加个性化，成为商家必须思考的问题。

根据凯度TNS发布的《2017中国城市新消费者趋势完整报告》可知，我国年轻一代的消费群体在心理上正发生一些变化。

一是更注重生活品质，随着消费者对个性化追求的日渐强烈，他们愿意为真正好的商品买单，往往可以接受更高的溢价，愿意为满足他们预期生活场景的商品付费。

二是更注重自己的时间价值。在以往，消费者常常愿意利用自己的时间去换取免费，如观看60秒的广告换取免费视频等。随着消费者自我意识的觉醒，他们对时间也越来越看重，他们更愿意花费少许金额，在更短时间内获得商品或服务。

这些变化反映到电商市场上，即是消费者希望电商企业能够给他们创造极致的购物体验。

3．纯电商无法满足消费者需求，促使电商与零售融合

随着消费者对购物体验的增强，消费者希望能够有身临其境的极致购物体验，而纯电商是无法满足消费者需求的。随着互联网和信息技术的发展，如人工智能、大数据、云计算、物联网、人脸支付等技术，越来越多的电商应用开始与零售进行融合，使得消费者的需求能够满足。以无人零售为例，通过网络技术，将传感器、数据收集、供应链运营、移动支付等应用融合在一起，实现无收银台、无现金支付、即拿即走等智能化消费场景，为消费者带来真正身临其境的极致购物体验。阿里巴巴旗下的TAOCAFE淘宝会员店就是一个无人零售的典型案例，该店的运作模式如图1-6所示。

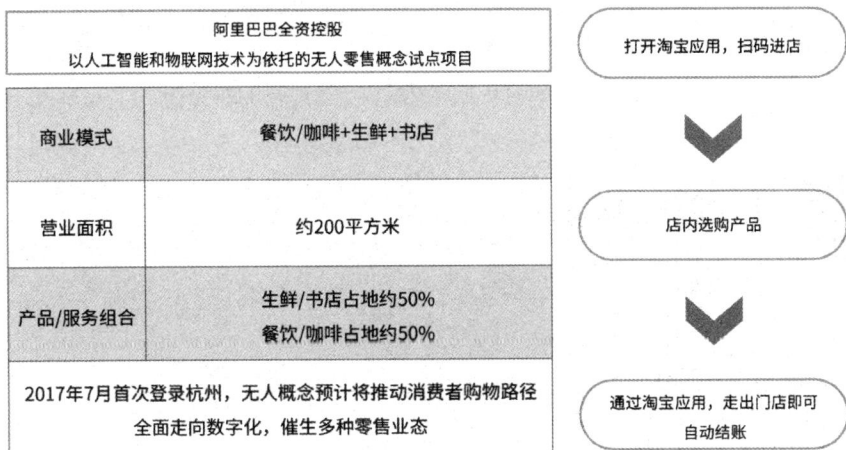

图1-6 TAOCAFE淘宝会员店无人零售运作模式

1.1.3 国家政策支持新零售发展

近年来，中央和地方纷纷出台相关政策和意见，鼓励和支持零售业转型升级、线上线下融合发展。

2019年8月27日，国务院办公厅印发《关于加快发展流通促进商业消费的意见》，从顺应消费变革和消费升级的趋势、引导电商培育新消费、拓宽生态商品线上线下销售渠道到调整电商零售，重磅推出了20条提振消费信心的政策措施。

2018年11月28日，杭州市人民政府发布了《关于推进新零售发展（2018—2022）若干意见（征求意见稿）》，公布了一系列新零售发展的推进举措。到2022年，杭州将争取建成一批线上龙头企业的线下示范项目、传统零售企业的提升改造项目，以及线上线下企业相互合作的共建项目。积极推进实体零售行业的新零售转型，实现电商龙头企业向线下拓展的业务布局，在全国范围内率先建成新零售示范城市。

国家和地方人民政府出台的政策覆盖范围如图1-7所示。

以上种种原因促使了传统零售业和电商都需要进行转型升级，这就促进了新零售的诞生。

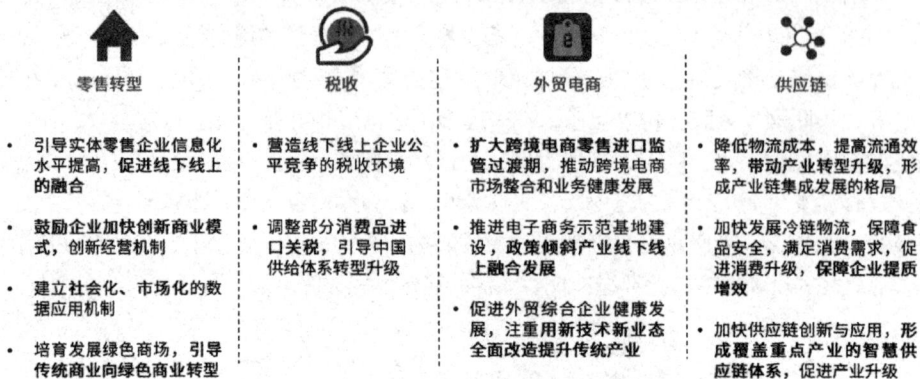

零售转型	税收	外贸电商	供应链
• 引导实体零售企业信息化水平提高，促进线下线上的融合 • 鼓励企业加快创新商业模式，创新经营机制 • 建立社会化、市场化的数据应用机制 • 培育发展绿色商场，引导传统商业向绿色商业转型	• 营造线下线上企业公平竞争的税收环境 • 调整部分消费品进口关税，引导中国供给体系转型升级	• 扩大跨境电商零售进口监管过渡期，推动跨境电商市场整合和业务健康发展 • 推进电子商务示范基地建设，政策倾斜产业线下线上融合发展 • 促进外贸综合企业健康发展，注重用新技术新业态全面改造提升传统产业	• 降低物流成本，提高流通效率，带动产业转型升级，形成产业链集成发展的格局 • 加快发展冷链物流，保障食品安全，满足消费需求，促进消费升级，保障企业提质增效 • 加快供应链创新与应用，形成覆盖重点产业的智慧供应链体系，促进产业升级

图1-7　支持新零售发展的政策覆盖范围

1.2　新零售的内涵

近两年，新零售成为传统零售和电商行业内提及最频繁的词语，那到底什么是新零售呢？接下来我们将从多个角度详细阐述新零售的内涵。

1.2.1　电商"大咖"对新零售的理解

2016年10月13日上午，马云出席杭州云栖大会时，首次提出"五新"（新零售、新制造、新金融、新技术和新能源）概念，这将对各行各业造成巨大影响，成为决定未来成败的关键。他认为，未来30年是人类社会天翻地覆的30年，世界的变化将远远超出想象，"电子商务"这个词很快会被淘汰，有5个新的发展将会深刻地影响到世界。这是马云首次提出"新零售"这一概念，在此之后各位零售和电商"大咖"都对新零售有自己的见解，如表1-3所示，并提出了智慧零售、无界零售等概念。

表1-3　各零售和电商"大咖"对新零售的见解

名词	公司	理解	时间
新零售	阿里巴巴	零售行业要将线上、线下、物流、数据有机结合，以人为本，以对每个消费者、单一的个人为本，考虑如何进行个性化、定制化服务	2016年10月13日
	小米	新零售就是效率革命。新零售的需求是结合线上线下，用互联网的思维来帮助实体零售转型升级，改善消费者体验，提高效率	2016年10月13日

名词	公司	理解	时间
无界零售	京东	从后端来讲,无界零售的核心是供应链一体化,把供应链和商品、库存、货物全部升级成一个系统,减少品牌商的操作难度;从前端来讲,无界零售的核心是满足消费者随时随地消费的需求。	2017 年 7 月 10 日
智慧零售	苏宁易购	智慧零售从根本上说就是数字零售,是建立在数据化管理与分析基础上的零售经营能力。利用科技手段抓取全产业链中产生的有效数据,是智慧零售中所有业务的基础。对消费者的数据进行挖掘、获取、存储、管理、分析和运用,最终将实现对于消费者的可识别、可触达、可洞察、可服务	2017 年 12 月 19 日

1.2.2　新零售的定义

阿里研究院在《新零售研究报告》中指出:新零售是以消费者体验为中心的数据驱动的泛零售形态,有 3 个特征:以心为本,围绕消费者,重构人、货、场(景);零售二重性,基于数理逻辑,企业内部与企业间的流通损耗接近为"零",最终实现价值链重塑;零售物种大爆发,借助数字技术,物流业、大文娱产业、餐饮业等多元模式均延伸出零售形态,更多零售物种即将孵化产生。

在对传统零售业和电商行业现状分析的基础上,结合各位电商"大咖"以及阿里研究院对新零售的定义,本书对新零售的定义如下:新零售就是利用人工智能、大数据、云计算等新兴技术,对行业产业链进行智能化升级,包括消费者需求识别、设计、采购、制造、推广、交易、配送等,并结合社交、场景搭建等方式,形成"线上(云平台)+线下(门店或制造商)+智能物流(高效供应链体系)"三位一体的运营模式,最终将人、货、场重新有效组合,最终达到提高商品到达消费者之间的效率,以及提高消费者体验的目的。

我们还可以从以下 4 个角度去理解新零售。

1．新零售就是消费者赋能

在买方市场的丰饶经济时代,消费者的需求才真正被重视。新零售时代消费者被赋能体现在以下两个方面。

(1)以消费者为中心,一切以消费者的需求为出发点。零售企业要考虑的核心问题不再是我有什么、我要卖什么、在哪里卖,而是消费者需要什么、什么时候需要、需要多少。同样是"7-11"便利店卖的宫保鸡丁,天津店的宫保鸡丁用的是黄瓜丁,而北京店用的是芹菜丁。这是因为"7-11"便利店会根据不同地区分店的销售情况,按消费者需要来调整自己的商品。刚开始的时候，可能天津店的宫保鸡丁中既有芹菜丁也有黄瓜丁，但是"7-11"便利店发现天津人普遍喜欢吃黄瓜丁，商品的组合就会随着需求持续调整、反复迭代。

（2）选择成本更低、效率更高。消费者过去想货比三家就要跑至少三个地方，时间成本很高。新零售通过全渠道让消费者接触商品更加便捷和高效，消费者只要挑选一个商品品类，那么几乎所有的品牌都会呈现在眼前，可以直接比对它们的品质和价格，快速锁定性价比最高的商品，做出最优选择。

未来流量入口将没有线上与线下之分，而终端则是重要的体验场景，消费者不管线上还是线下，他只想能够高效愉悦地买到所需要的优质商品。消费体验和定制化服务将成为终端最主要的两大功能，甚至终端也是粉丝们聚会交流的"社区"。技术的进步能够确保消费者在像 amazongo 购物时无须排队、无须人工结账，通过技术与硬件还能重构零售卖场空间，可实现门店数字化与智能化改造终端，智能终端将取代旧式的货架、货柜，延展店铺时空，构建丰富多样的全新消费场景，以新型门店与卖场来全面升级消费者体验，这样的终端将成为一种新模式。如此一来，消费者才能真正拥有消费主动权。

2．新零售就是供给侧结构性改革

消费升级既促进了需求的结构升级，也同样带来了供给的结构升级，而新零售必然带来供给侧结构性改革。供给侧结构性改革就是从提高供给质量出发，用改革的办法推进结构调整、扩大有效供给、提高供给结构对需求变化的适应性和灵活性，更好地满足消费者的需要。新零售的供给结构升级体现在以下3个方面。

（1）全渠道

真正的新零售应是 PC 网店、移动 App、微信商城、直营门店、加盟门店等多种线上线下渠道的全面打通与深度融合，商品、库存、会员、服务等环节皆贯穿为一个整体。全渠道具有3个特征，即全程、全面、全线。

全程，一个消费者从接触一个商品到最后购买商品的过程中，会有5个关键环节（搜寻、比较、下单、体验、分享），企业必须在这些关键节点保持与消费者的全程、零距离接触。

全面，企业可以跟踪和积累消费者购物全过程的数据，在这个过程中与消费者及时互动，掌握消费者在购买过程中的决策变化，给消费者个性化建议，提升消费者购物体验。

全线，渠道的发展经历了单一渠道时代（单渠道）、分散渠道时代（多渠道）的发展阶段，到达了渠道全线覆盖，即线上线下全渠道阶段。全渠道覆盖了包括实体渠道、电子商务渠道、移动商务渠道的线上与线下融合。传统零售面临着渠道分散、消费者体验不一、成本上升、利润空间压缩等多个困难。新零售将从单向为销售转向双向互动，从线上或线下转向线上线下融合。因此新零售要建立"全渠道"的联合方式，以实体门店、大数据云平台、移动互联网为核心，通过融合线上线下，实现商品、会员、交易营销等数据的共融互通，向消费者提供跨渠道、无缝化体验。阿里巴巴则将其总结为"三通"，即商品通、会员通、服务通，如表1-4所示。

表1-4 新零售的三通

三通	分类	作用
商品通	价格打通	同款同价
	库存打通	实库存－虚库存－盘货
	促销打通	终端可调拨发货
会员通	账号通用	方便线上线下采集数据
	积分通用	利益捆绑消费者
	行为记录	方便数据挖掘和精准营销
服务通	售前服务	门店与线上导购融合
	售中服务	锁定消费者，方便社群服务
	售后服务	退换货服务，线上线下皆可受理

（2）去库存

未来的零售有两个方向：一个方向是通过系统、物流将各地仓库（包括保税区甚至海外仓）连接起来，完成库存共享，改变传统门店大量铺陈与积压商品的现状，引导消费者线下体验、线上购买，实现门店去库存；另一个方向就是从消费者需求出发，倒推至商品生产，零售企业按需备货，供应链按需生产，真正实现零售去库存。

（3）智能门店

商家应通过技术与硬件重构零售卖场空间，进行门店智能化改造：一方面依托信息技术，对消费者、商品、营销、交易4个环节完成运营数字化；另一方面商家以物联网进行店铺的智能化改造，应用智能货架与智能硬件（销售终端、触屏、3D试衣镜等）延展店铺时空，构建丰富多样的全新零售场景。

简而言之，从供给侧结构性改革的角度来看，未来每个企业都需要大数据来支撑运营，这是企业未来走向新零售的关键，需要借助大数据完成对消费者的可识别、可服务、可触达、可洞察，如图1-8所示，企业做完这些之后最终才能走向真正的供给侧结构性改革。

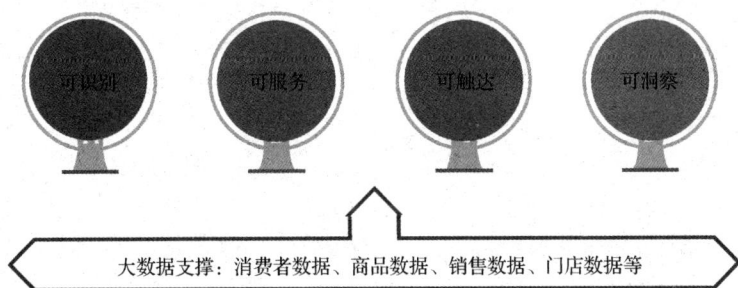

图1-8 企业未来的4个"可"

3．新零售就是升维体验

新零售为消费者带来的将不再是单一的购物体验，而是提供商品、服务和体验的综合零售模式，三层叠加拉动商品销售。例如，大量线下书店在电子商务冲击下不断亏损倒闭，但是亚马逊重新开起来的实体书店amazonbooks，如图1-9所示。亚马逊重新定义了实体店，它不仅提供商品，还提供服务和体验。例如，喜欢读书的人在线上交流之后，就要到线下来聚会，那么聚会的地点就选在了实体书店。再如，实体书店提供跟书籍关联性很强的商品，喜欢读书的人，往往还会买书店里的各种商品。甚至消费者可以在网上下单后再到实体店取货，书店可以成为物流中心，这就是升维体验。

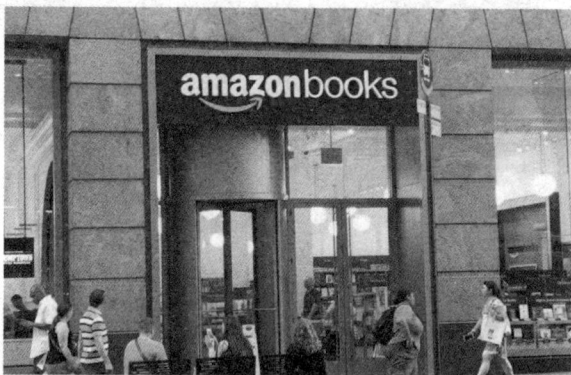

图1-9　亚马逊实体书店

新零售还可以让消费者享受到记名消费的会员体验，这是一种有踪迹、有档案的消费。以前消费者去商场里买东西，消费者买20次，商家只会说这人很面熟，但不知道其他信息，这是无记名消费。新零售时代，消费者就算是买一支笔，都会有数据记载，消费者是记名消费的。甚至有的零售店要求消费者必须成为会员才能购买，例如，消费者必须下载App注册会员才能购买盒马鲜生的产品，从而形成消费闭环。数据后台不仅会记录消费者的姓名、身份、具体地址等信息，还会形成一个长期消费的消费档案。这就意味着，消费者和商家会建立起一种新的关系，也就是消费者在买东西的时候，实际上是在向商家提供自己各方面的信息，包括自己没有意识到的信息，如消费偏好、购买习惯等。基于这些数据，商家又可以反过来为消费者提供新的消费体验，形成一个良性循环，打造基于消费者的升维体验。

4．新零售就是数字化革命

数字化是零售业最重要的转型和创新的突破口，也是新零售的核心，未来新零售会实现"消费者数字化、终端渠道数字化、营销数字化"。未来零售企业的竞争力不再是价格、商品、营销，而是对消费者的洞察，以及分析数据的能力。

（1）消费者全息画像

消费者数字化是商家通过采集消费者的属性数据和行为数据对其进行全息的消费画像，如图1-10所示，对购买商品和服务的消费者有一个360°的全方位了解，从而无限逼近消费者内心的真实需求。为了获得消费者的完整信息而不仅仅是一些简单的"快照",需要一个中央数据仓库,用来储存消费者与具体品牌接触的全部相关信息:消费者基本数据及交易信息、浏览历史记录、消费者服务互动等。消费者画像是根据消费者社会属性、生活习惯和消费行为等信息而抽象出的一个标签化的消费者模型,具体包含以下几个维度。

是否有房、有车 ← | → 性别、身高、职业
消费者购买力 ← | → 是否有孩子
消费者关系网 ← | → 喜欢的颜色、品牌
消费者地理位置 ← | → 促销敏感度
品牌忠诚度 ← | → 商品评价敏感度
消费者品类划分 ← | → 送货时长忍耐

图1-10 消费者全息画像

① 消费者固定特征:性别、年龄、地域、教育水平、职业等。

② 消费者兴趣特征:兴趣爱好、使用的App或网站、浏览/收藏评论内容、品牌偏好、商品偏好等。

③ 消费者社会特征:生活习惯、婚恋、社交渠道等。

④ 消费者消费特征:收入状况、购买力水平、商品种类、购买渠道、购买频次等。

（2）零售云端

未来将没有终端,只有云端。终端不再是商品的销售渠道,而是消费体验和数据上传的端口。云端零售将遍布传感器与交互设施的端口,而端口都是线上线下一体化的,即线下端和线上端有机融合的"双端"经营模式,商家可将线上消费者引导至线下消费,也可将线下的消费者吸引至线上消费,从而实现线上线下资源互通、信息互联、相互增值的目的。在形态上,无论是百货公司、购物中心、大卖场、便利店,还是线上的网店及各种移动设备、智能终端等都是数据导入的端口。消费者实时在线,端口将消费者全方位的数据上传至云端,商家通过数字化技术打通线上与线下、虚拟与现实的各个碎片化端口,并吹响零售业革命的号角。

各个消费环节实现深度融合。消费者将不受区域、时段、店面的限制,商品不受内容形式、种类和数量的限制,消费者体验和商品交付形式不受物理形态的制约,零售渠道真正变得无比丰富。在2017中国零售数字化创新大会上,万达网络科技副总裁徐辉表示:"未来最贵的一定是连接,连接本身,物与物的连接,人与人的连接,人与物的连接,有了这些连接再配上必要的数据分析和流程的决策,这样单一交易的本身不再是一个瞬间的结束,而是一个新的交易和一个更长久关系的开始。"

（3）精准营销

有了消费者画像之后,商家便能清楚了解消费者的潜在需求,在实际操作上,也能深度经营与消费者的关系，甚至找到扩散口碑的机会。例如，超市若有生鲜的打折券，系统就会把适合商品的相关信息精准推送到消费者的手机中，实现精准推荐。首先，商家针对不同商品发送推荐信息，同时也不断通过满意度调查、跟踪码确认等方式，掌握消费者各方面的行为与偏好；其次在不同时间阶段观察成长率和成功率，前后期对照，确认整体经营策略与方向是否正确；若效果不佳，又该用什么策略应对；最后反复试错并调整模型，做到循环优化，精准反馈。更重要的是，在掌握数据之后，商家可以真正做好精细服务，如在情人节为消费者送上一封热情洋溢的情书和一束红玫瑰、在独自加班的晚上献上一首她经常单曲循环的歌，如此贴心的服务肯定让消费者"欲罢不能"，也会对你"忠贞不渝"，这样消费者成为商家粉丝和义务宣传员也只是时间问题。

数据整合改变了企业的营销方式，现在经验已经不是累积在人的身上，而是完全依赖消费者的行为数据去做推荐。未来，销售人员不再只是销售商品的人员，而是能以专业的数据预测搭配人性的亲切互动来推荐商品，即升级成为顾问型销售人员。有人形象地比喻，精准营销就像是谈恋爱，在对的时间，对的地方，遇到对的人，采用对的措施，达成对的结果，而这一切"精准"的背后，都离不开大数据技术的支持。

"消费者赋能，供给侧改革，升维体验，数字化革命"，以上所有的关键词都离不开一个出发点，就是满足消费者需求的实时变化、升级与分化，换句话说就是更好的消费体验、更方便的购物触达、更周到体贴的个性化服务、更值得信赖的品牌口碑等。所以要想打赢新零售这场"新战役"，是否能够让消费者满意、感动与分享始终是胜负的关键点。

总之，新零售就是以消费者为中心，数据赋能下为消费者提供升维体验的实时"在线"的全渠道场景，如图1-11所示。未来，新零售能实现的消费愿景就是"所想即所得，所得即所爱"。同时，新零售带来的不是电子商务的灭亡，也不是传统零售的终结，它是在新消费刺激下两者融合而进化的新的产业形式。

图1-11　消费者全渠道购买路径

1.2.3　新零售与传统电商的区别

电商最大的优势是商家借助于互联网将信息快速地传给消费者，而零售不仅是一种商业模式，更是一个产业链。

新零售一方面是对目前零售各个环节进行智能化升级，另一方面主要是提高消费者体验，弥补电商的场景不足，支撑商品展示的多元性，并提高消费者黏性。新零售的"革命性"不仅体现在数字化和新技术的应用上，还对技术创新与商业模式变革提出了要求，这体现在模式演变、数据运用、场景重塑、营销链路、供应链融合等多个方面。可以说，整个行业的每一个环节都在发生着深刻的变化，而这些变化积聚起来就构成了新零售的完整图景。

新零售与传统电商的区别如图1-12所示。

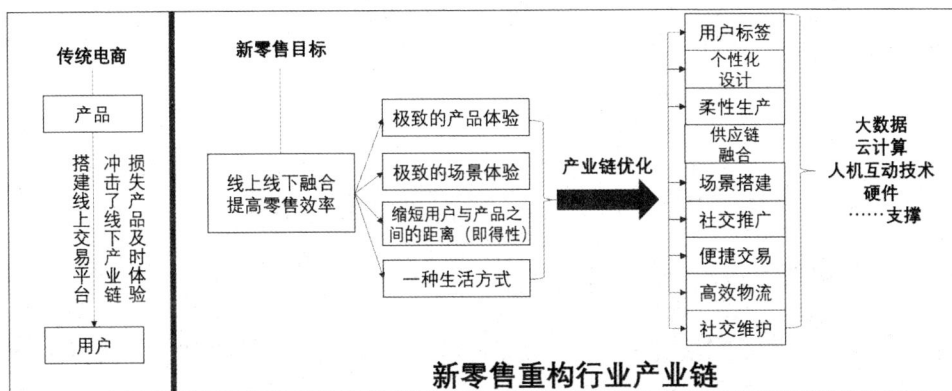

图1-12　新零售与传统电商的区别

1.2.4　新零售的发展因素

促进新零售发展的因素可归纳为以下4个方面。

1．国家大力推动因素

新零售响应了国家提出的消费升级和供给侧结构性改革的要求，零售行业的创新与转型有助于推动民生建设，国家政策大力支持零售行业的转型升级。例如，在《国务院办公厅关于推动实体零售创新转型的意见》中提到，要促进线上线下；建立适应融合发展的标准规范、竞争规则，引导实体零售企业逐步提高信息化水平，将线下物流、服务、体验等优势与线上商流、资金流、信息流融合，拓展智能化、网络化的全渠道布局；鼓励线上线下优势企业通过战略合作、交叉持股、并购重组等多种形式整合市场资源，培育线上线下融合发展的新型市场主体；建立社会化、市场化的数据应用机制，鼓励电子商务平台向实体零售企业有条件地开放数据资源，提高资源配置效率和经营决策水平。《电子商务"十三五"发展规划》中也提出，要推进电子商务与传统产业深度融合，"协调和创新"引领发展，促进电子商务经营模式融入传统经济领域，开创线上线下互动融合的协调发展局面，加快形成网络化产业，全面带动传统产业转型升级。由此可见，加快电子商务立法、推动实体零售创新转型，是拓展乡镇便民增值服务的重要支撑。

2. 经济因素

2014 年起，电商迈入快速发展时期，2019 年天猫"双十一"全天成交额为 2684 亿元，超过 2018 年的 2135 亿元。随着电商企业转型意识增强，优势企业通过战略合作、并购重组等多种形式整合市场资源，为新零售市场聚合优势资源。现在的国内市场已经是消费者占主导地位，而消费者的生活与消费习惯较之前也发生了很大的变化，以前是商家卖什么，消费者只能买什么，而现在是消费者想要什么，商家就卖什么。同时，消费者的消费需求随着购买力的提升也发生了改变，消费者之前是希望买到便宜的商品，而现在的消费者希望能够买到价格不高的品质好货（当前消费者的主要特征）。

3. 市场因素

电商经过几年的高速增长，线上增量空间开始收缩，增速减慢，存量市场主导，流量业务天花板渐显，企业纷纷从线上转到线下寻求新的增长空间，这必将导致线上线下的融合。传统零售业困难重重，纷纷开始转型。创新企业不断涌现，新品种不断加入。转型创新的步伐在加快，降本增效成为主要目的，无人零售成为风口。

当今，消费者的需求主张引领市场趋势，消费成为拉动经济发展的主要力量，需求推动消费升级成为主旋律。品质化、个性化、重体验是其主要特征。

4. 技术因素

技术创新是新零售的必要条件。一系列新技术（如虚拟现实、云计算、人工智能等）给消费者创造了更好的购物体验，"黑科技"成为推动零售行业变革的核心力量，其中大数据又是所有技术中的核心。科技领域的高速发展为零售行业提供了创新的可能，而技术不断革新的背后是企业对数据化的不断探索与不懈追求，同时依托大数据平台的建设，零售行业的市场战略也得到进一步优化。

1.2.5 新零售的核心要素

传统零售的本质是人和商品。无论是线下零售店还是线上网店，除了商品本身，都有自己的消费者，但消费者并不是融合互通的。买和卖构成了市场，商业的本质是生意，而生意就是买卖，这个逻辑不会变。买卖的过程包含 3 个基本要素是人、货和场。

人要买货，货要找到合适的购买者，人、货交易要通过场来实现的。之前提到的买方是指消费者。消费者是有潜在购买欲望和冲动的人，是购买了某个商品或服务的人，是商品或服务的使用者。

传统商业讲究生产标准化，货即量产的刚需工业品、标准品。企业生产的第一个商品和生产的第十万个商品基本上是完全一样的，生产追求的是极致管控，做"标品"是生产的核心能力。

再来看场。原来的场是商场、卖场，买卖讲究的是"渠道为王"，即企业通过商场或卖场等渠道，让人与货进行接触，促成买卖。企业的渠道铺设得越广，渠道体系建立得越完善，出货量就越大。这就是传统商业逻辑中的"人—货—场"。

新零售的核心就是线上线下互通融合。随着线上线下完全融合，线上消费者与线下消费者形成叠加和交叉，形成指数级增长的效应。新零售的三大核心要素分别是定位精准、运营协同化、技术驱动。新零售和零售现状的对比如图 1-13 所示。

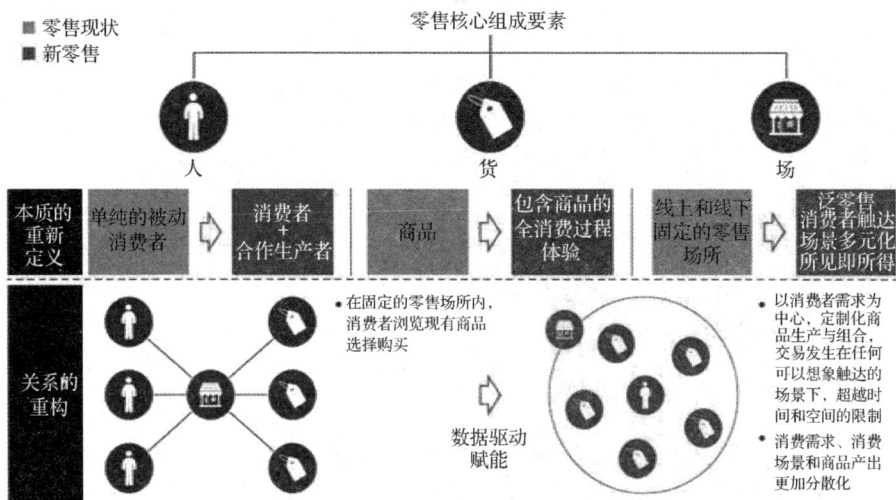

图1-13　新零售和零售现状的对比

1．定位精准

零售的核心要素仍然围绕"人—货—场"3 个要素进行创新和升级，重构后"人、货、场"有一个明显的特征，就是以人为中心，如图 1-14 所示。新零售从单品到单客经营，从万货商店到每个人的商店，从长尾商品到头部商品再到个人化商品，再进入精准商业时代。精准定位就是提供满足每个消费者个性化需求的商品和服务，引发消费者内心强烈的惊喜和共鸣，从而提升每个消费者的消费者体验（User Experience，UE）值和平均贡献收入（Average Revenue Per User，ARPU）值。

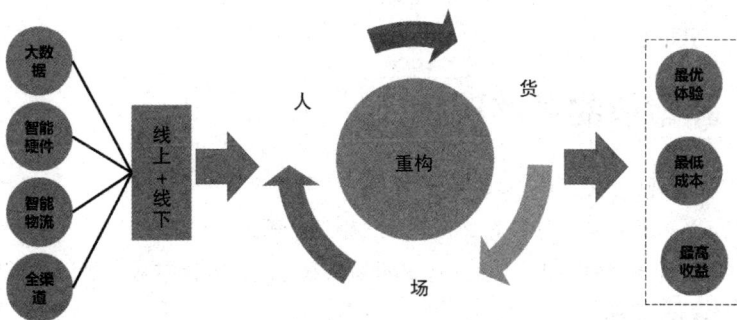

图1-14　新零售重构"人—货—场"

从"人"的角度来说，一方面，线上电商平台已经出现了多元化的流量获取方式，例如社群电商、垂直电商、网红经济、短视频、直播等；另一方面线下迅速普及的摄像头、智能货架、移动支付等也正逐步实现线下流量的数据化。这使消费者画像越来越精准，潜在的新需求被充分挖掘。企业通过抓住某一消费群体的生物属性、兴趣偏好、表情情绪、消费记录等特征，以他们最能接受的方式推荐最适合的商品。

从"货"的角度来说，智能商业将彻底改变企业以往经营管理中依靠经验和"拍脑袋"式的店内经营及商品管理模式。通过对从前端到后端不同应用场景的数据化，通过数据挖掘和不断的算法反馈迭代，智能商业可以提供从选择商品、商品陈列、商品定价到销售预测、库存管理等智能决策服务，帮助经营者构建以需求驱动的供应链体系。

从"场"的角度来说，随着图像识别、人工智能、智能制造等技术的逐步成熟，在移动支付迅速普及的情况下，不仅是消费场景更加多样化，其便利性也将大大提高。amazongo 强调的"即拿即走（Just Walk-out）"就将彻底解决消费者在购物时因为拥挤和等待产生的负面情绪的问题。预计未来的两三年，无人收银会成为新零售的标配。

2．运营协同化

无论是"新零售"还是"传统零售"，究其本质，最终目的都在于围绕着消费者，更完美地满足其需求。在新零售中，所有的一切都围绕着消费者的需求，商品、价格、消费者、竞争对手等信息瞬息万变，各个职能必须高度协同去服务于消费者，需要主动地参与到更加前端的服务消费者的工作中去，如商品选择、销售预测、动态定价、自动补货、采购计划等职能，日常运营的工作都可以由一个整合的职能来统一操作，所有部门都要通过联合协同运营的思维方式，最后形成自觉的思维方式。

3．技术驱动

大数据的收集与运用是新零售的根基，消费变革的起点一定在离消费者最近的地方，其中最关键的一环就是企业要提升自身的数据能力，真正实现以消费者体验为中心的经营模式。在新零售的模式中，大量零售运营数据（包括消费者、商品、销售、库存、订单等）在不同的应用场景中海量产生，企业结合不同业务场景和业务目标（如商品品类管理、销售预测、动态定价、促销安排、自动补货、安全库存设定、供应计划行程安排、物流计划制定等），再匹配上合适的算法即可对这些应用场景进行数字建模，从逻辑上简单来说就是"获取数据—分析数据—建立模型—预测未来—支持决策"。

1.3 新零售的发展现状

在新零售出现之前，我国零售业已经历了"百货商店—超级市场—连锁经营—电子商务"4次变革，而新零售则带来了线上线下融合的第5次变革。自2016年10月马云在云栖大会上首次提出"新零售"概念后，我国零售业迈向新零售时代的步伐变得越来越快，目前正处于高速发展期。

1.3.1 新零售覆盖领域和规模不断扩大

经过近两年的发展，新零售行业目前涉及的领域已经从商超百货向各行业渗透，如母婴行业、家居行业、医药行业、家电行业等，如图 1-15 所示。总体而言，与其说新零售行业在改变这些传统零售行业，不如说是消费环境和消费群体的变化在推动各个行业的改革，促使他们拥抱互联网、接受新技术，进行自身的改革，而这种改革即是我们所说的新零售。

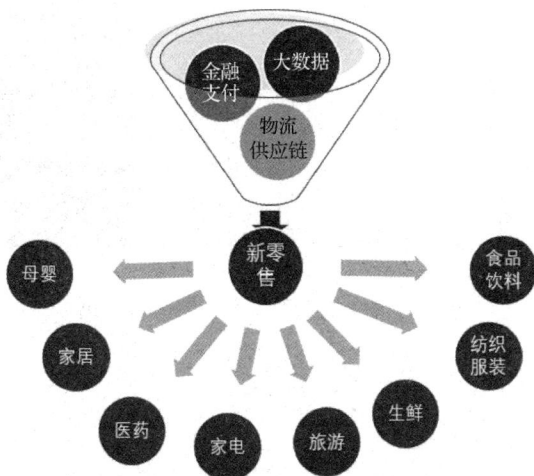

图1-15 新零售涉及的领域

新零售产业链需要各类企业的协同运作，目前我国新零售产业图谱已初步形成，如图 1-16 所示，新零售行业正在迈向一个全新发展的时代。

图1-16 新零售产业链图谱

围绕该产业链，我国新零售产业规模也在不断扩大，根据前瞻产业研究院发布的《2017—2022 年中国零售行业市场前瞻与投资战略规划分析报告》预测，到 2022 年新零售行业市场规模将突破 1.8 万亿元，年均复合增长率高达 115%，如图 1-17 所示。

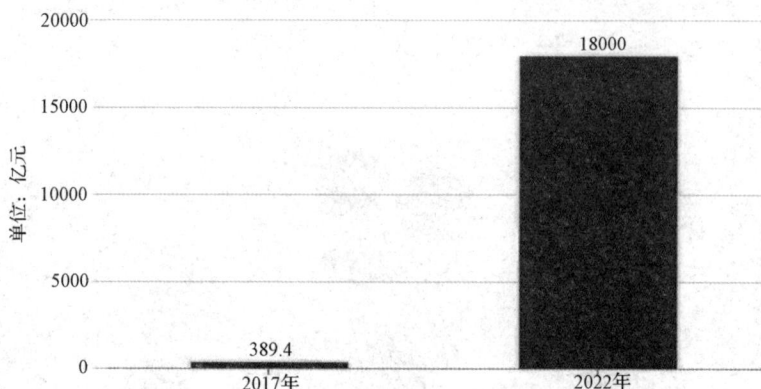

图1-17 新零售行业的市场规模预期

另外，根据中国报告网发布的《2019 年中国无人零售市场分析报告——行业规模现状与发展潜力评估》可知，无人零售商店消费者规模也将由 2017 年的 0.06 亿人增长到 2022 年的 2.45 亿人，如图 1-18 所示。

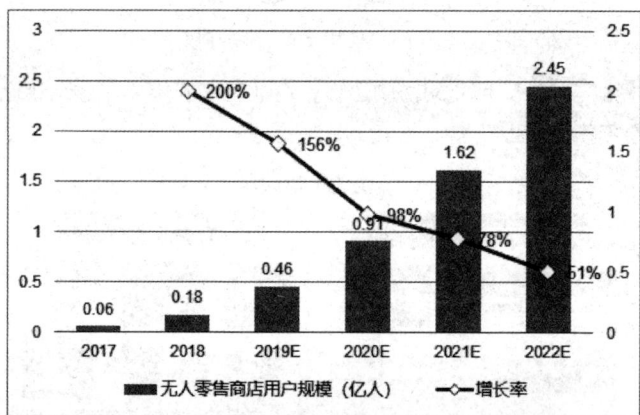

图1-18 无人零售商店消费者规模增长趋势

1.3.2 电商和零售巨头纷纷布局新零售

近年来，随着电商和零售行业的竞争加剧，我国线上和线下零售都迎来了变革。根据观研天下发布的《2019 年中国新零售市场现状与发展趋势分析》报告显示，我国线上消费占比从 2009 年开始迅速增长，由 2009 年的 2% 增长到 2018 年的 22.7%，但线上消费的增速则由 2010 年的 70% 以上减缓到 2018 年的 30% 左右。线下消费保持稳定的慢速增长，2018 年线下消费增速约为 6%，如图 1-19 所示。根据此图可以看出，目前线上消费增速逐渐趋缓，增长逐渐靠近天花板区域，而线上零售行业不可能取代线下的实体零售行业。线上＋线下的新零售模式必然是未来电商和零售行业变革发展的途径之一，也是目前较容易实现的途径。

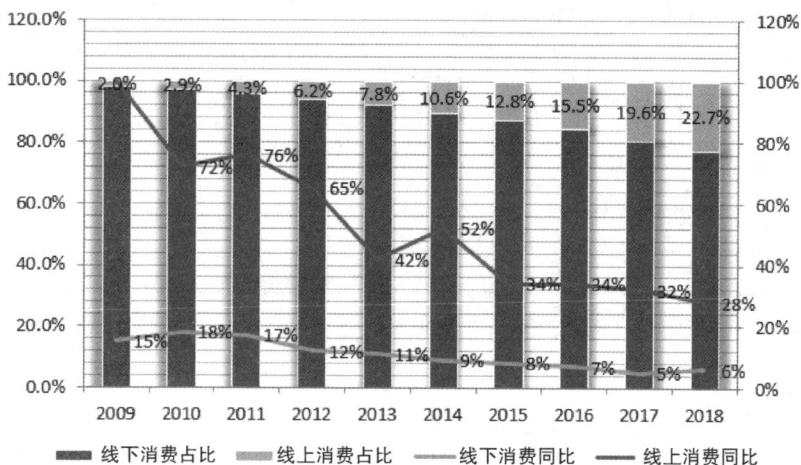

图1-19　线上线下消费走势

在此背景下，各大电商和零售巨头都在纷纷布局新零售，随着新零售的技术、物流、商品等越来越成熟，投资者越来越注重整个新零售的"生态"搭建。观研天下发布的《2019年中国新零售市场现状与发展趋势分析》报告显示，2018年第三季度新零售投资金额就已接近2017年的年投资金额，如图1-20所示。

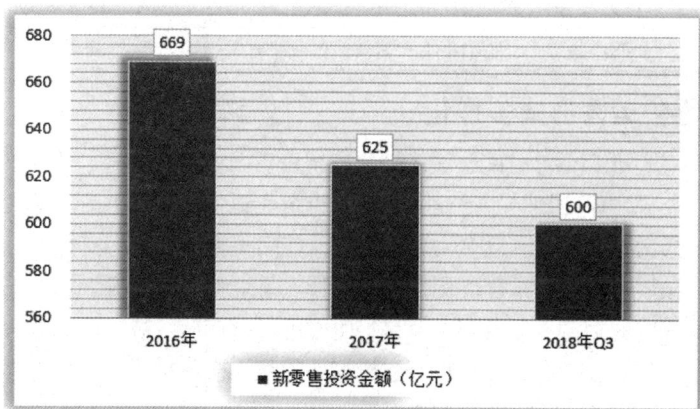

图1-20　近年来新零售投资金额

另外，近年来中国新零售投融资情况如表1-5所示。

表1-5　近年来中国新零售投融资情况

时间	企业	融资金额	投资企业
2016年6月	苏宁易购	283亿元	阿里巴巴
2017年12月	唯品会	8.63亿美元	腾讯、京东

续表

时间	企业	融资金额	投资企业
2018 年 4 月	拼多多	未披露	腾讯、红杉资本中国
2018 年 6 月	小红书	超 3 亿美元	阿里巴巴领投，金沙江创投、腾讯等跟投
2018 年 6 月	唯品会	1.2 亿美元	京东
2018 年 6 月	京东	5.5 亿美元	谷歌
2018 年 9 月	每日优鲜	4.5 亿美元	高盛、腾讯等
2019 年 5 月	苏宁小店	4.5 亿美元	Suning Smart Life

在新零售整体布局过程中，无人零售也受到资本的青睐，近年来中国无人零售企业主要融资情况如表 1-6 所示。

表 1-6　近年来中国无人零售企业主要融资情况

类型	名称	时间	轮次	金额	投资企业
开放货架	每日优鲜	2017 年 3 月	C+	2.3 亿美元	老虎基金等
	七只考拉	2017 年 9 月	A	0.5 亿元	经纬中国等
自动贩卖机	天使之橙	2017 年 10 月	B	4 亿元	君联资本、云启资本等
	饭美美	2017 年 7 月	A	0.5 亿元	东方资产
无人便利店	便利蜂	2017 年 2 月	A	3 亿美元	斑马资本
	缤果盒子	2017 年 7 月	A	1 亿元	纪源资本等
	果小美	2018 年 6 月	C+	未公开	艾瑞资本等

1.3.3　新零售运营形式多样化

我国新零售行业目前涉及的领域已经从商超百货向各行业渗透，各行业的新零售运营模式也不尽相同，即使是同一行业，既有龙头企业领先的智慧化运营模式，也有小门店基于社交工具的运营模式。以盒马鲜生为例，在阿里巴巴的大力支持下，各个业务模块都有"黑科技"支撑，非常智能化，其主要特点是消费者线上线下均可下单购买，盒马鲜生对 3 千米内的消费者免费配送商品，生鲜还可以在店内被直接加工食用。社区内的许多水果小店的新零售方式虽然也都支持消费者线上线下购买，但主要依靠的是社交工具，一般以微信为主，配送范围一般为临近小区，如表 1-7 所示。

表 1-7　不同商业形式的新零售运营方式对比

品牌	盒马鲜生	水果夫妻店
购买方式	线上 + 线下	线上 + 线下
线上下单方式	App	微信、短信等
配送范围	3 千米内	邻近小区
是否收费	否	否

由上可见，仅仅是生鲜零售领域就存在多种不同类型的新零售方式，盒马鲜生会有大数据技术的支撑，但小成本的水果小店则会免去这一功能。不过，在差异中，还是有共同点的，正如前面提到的"线上＋线下＋物流"模式，所有新零售都是基于这一组合开展的。总体来看，新零售行业其实没有一个统一的运营模式，根据经营行业、品类、模式、成本等，会有对应的解决方式，这就造成了我国新零售运营形式多样化的特点。

1.3.4 新零售消费群体偏好理性化

1. 需求偏好

消费需求是新零售行业的发展动力，新零售市场将随着消费者需求的变化而变化。消费者需求和偏好变化将直接影响新零售行业的发展轨迹。影响消费者需求和偏好变化的主要因素为消费者的年龄结构及受教育程度。"90后""00后"正在成为当前新零售行业的主要消费群体，"80后"逐渐成为国家经济的主要贡献者之一。我国新零售行业呈现出年轻化的趋势，18～40岁的消费者占比约为78.2%，如图1-21所示。

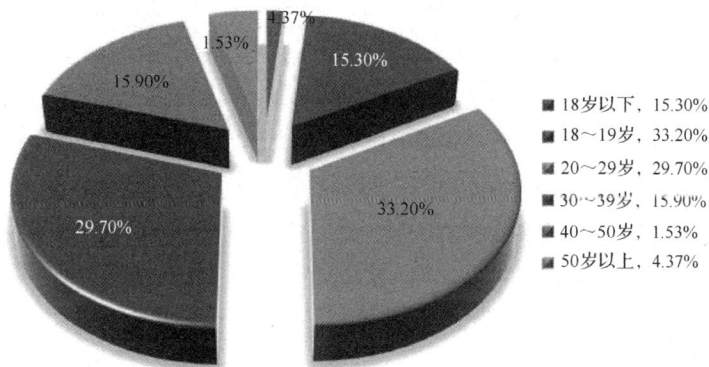

图1-21 我国新零售行业消费者年龄分布

新零售作为传统零售的升级，不断改变消费者的消费习惯，由于其便捷的配送及优质的服务，消费者将传统的线下购物转移到线上购物。消费者线上购物主要以食品、服装、家居用品为主，占比分别达到31.50%、20.20%及15.40%，如图1-22所示。

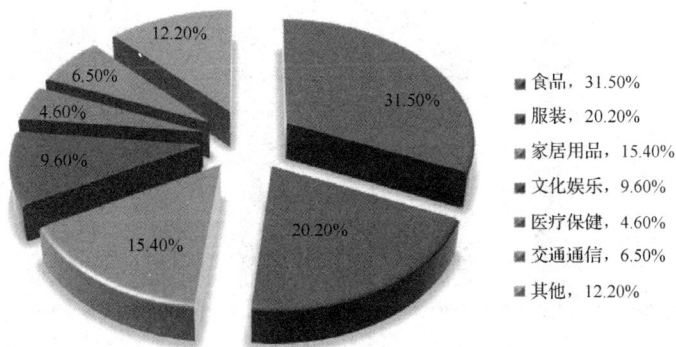

图1-22 我国新零售行业商品消费需求偏好

2．价格偏好

对于我国新零售消费者年均消费金额，目前一线城市的消费者显示出较强的购买能力，年均消费额在 5001 ～ 8000 元的占到 39.1%，远高于三线城市的 22.6%。一二线城市的消费者年均消费额主要集中在 5001 ～ 8000 元。三线城市的消费者年均消费额主要集中在 2001 ～ 5000 元，如图 1-23 所示，不过随着三线城市的不断发展，未来三线城市消费者的购买能力将有望得到快速提升。

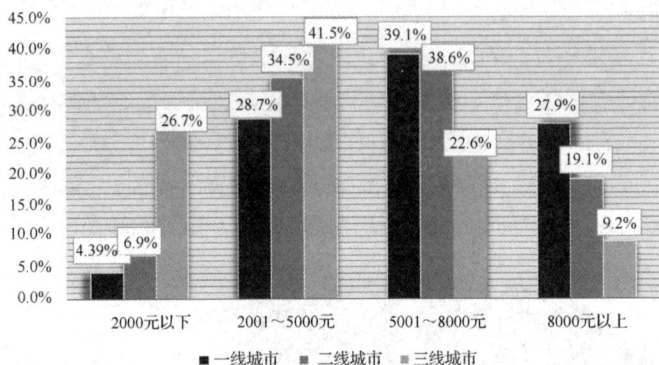

图1-23　我国不同城市新零售消费者年均消费额比例

新零售相较于传统零售有商品质优价廉的显著特点，发达的电商网络为消费者提供了广阔的比价空间，也使得商家的价格竞争更加激烈。从目前的消费者行为来看，78.7%的消费者对价格较为敏感，会对同类商品进行价格比较，21.3%的消费者主要关注商品的品质以及个人喜好，对价格不太敏感。

3．品牌偏好

随着新零售在各个行业领域的展开，各领域内的企业都通过线上网络争夺消费者，消费者能够在线上选择更好的商品与服务。通过对品牌偏好的调研发现，消费者在购买商品时倾向于选择品牌商品，尤其是在电器、食品等方面，如图 1-24 所示。

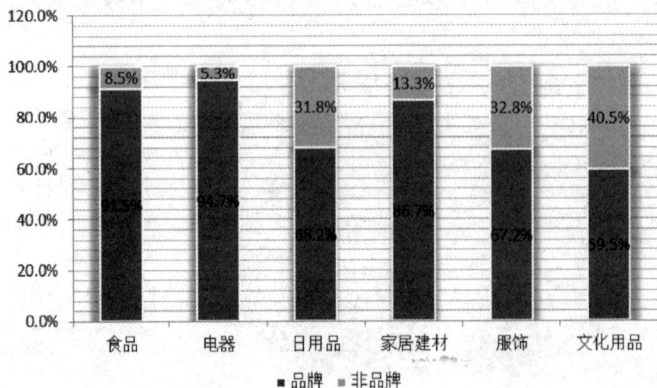

图1-24　我国新零售行业消费者的品牌偏好

4．平台偏好

近年来随着新零售行业的快速发展，出现了较多的新零售企业，类似于天猫小店、京东小店等品牌逐渐进入消费者的视野，不同的平台由于其特色服务的不同，也吸引了不同需求的消费者。通过调研可知，消费者在选择购物平台时主要看重平台的品牌影响力、其提供的商品的竞争力、商品品类的丰富程度、售后保障及购物的配送便捷性等因素。

1.3.5 阿里巴巴与腾讯的新零售布局

在我国新零售产业布局的企业中，阿里巴巴与腾讯非常具有代表性，可以说代表着我国新零售产业未来的走向。两家针对线下零售的投资可以说是"双马"不停蹄，纷纷加速布局重量级线下实体，包含战略投资连锁超市、连锁百货商场等，力求在新零售战役中拔得头筹，抢占市场。两家新零售布局概览如图1-25所示。

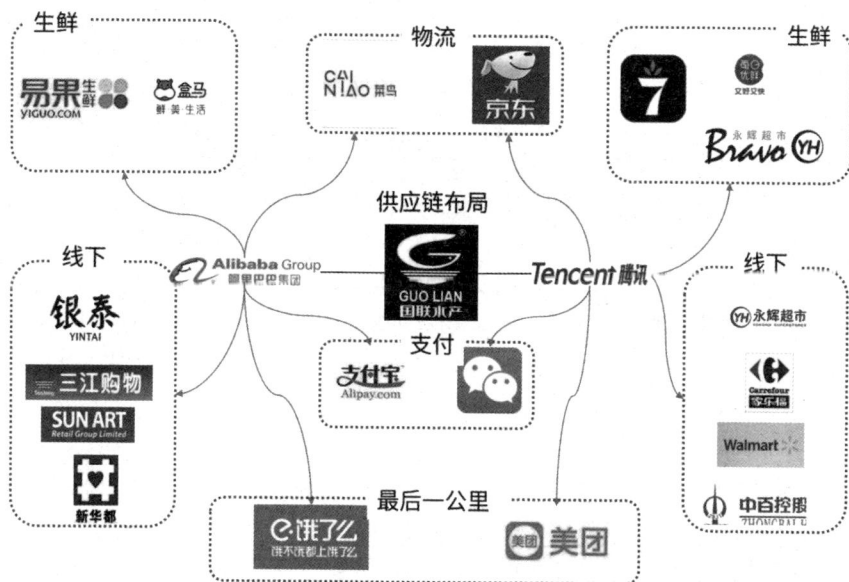

图1-25 阿里巴巴与腾讯新零售布局概览

1．阿里巴巴新零售布局现状

"新零售"这个概念被马云首次提出，阿里巴巴自然要做成业界样板。近两年，阿里巴巴也确实在新零售布局上投入了大量资金、人力和物力，除了大家熟悉的盒马鲜生外，还投资了很多新零售项目，如表1-8所示。

表1-8 阿里巴巴近年来的新零售布局

时间	零售企业	级别	事件
2014年3月	银泰商业	—	阿里巴巴53.7亿港元入股
2015年8月	苏宁云商	战略投资	阿里巴巴283亿元战略投资苏宁

时间	零售企业	级别	事件
2016 年 11 月	三江购物	战略投资	阿里巴巴 21.5 亿元战略投资三江购物 32% 股份
2017 年 1 月	银泰商业	私有化	阿里巴巴与沈国军以 198 亿港元购入银泰商业计划股，成为银泰实际控股股东
2017 年 5 月	联华超市	战略投资	阿里巴巴向易果生鲜收购联华 18% 股权，成为第二大股东
2017 年 8 月	易果生鲜	D 轮	天猫注资易果生鲜 3 亿美元
2017 年 9 月	新华都	股权转让	阿里巴巴超 5 亿元入股新华都，持股比例大于 10%
2017 年 11 月	高鑫零售	战略投资	阿里巴巴 224 亿港元入股高鑫零售，持有 36.16% 的股份
2018 年 2 月	居然之家	战略投资	阿里巴巴向居然之家投资 54.53 亿元，持股 15%
2018 年 11 月	喜士多	战略投资	阿里巴巴 5 亿元入股喜士多，占股 20% ～ 25%
2019 年 3 月	逸刻便利	联合投资	百联集团和阿里巴巴联合投资 10 亿元打造新零售项目
2019 年 4 月	商帆科技	B 轮	阿里巴巴领投融资，共探新零售领域

阿里巴巴内部通过盒马、银泰、零售通等项目进行不同方向、不同领域的新零售探索，外部通过入股等方式参与三江购物、联华超市、新华都、高鑫零售等多个企业的新零售探索，积累零售资源并开始进行一些新零售布局的落地尝试，如以淘鲜达为依托对三江门店进行改造探索等。阿里巴巴新零售布局主要强调中心化生态效益，有以下几个特点。

（1）线上线下融合：从银泰商业、高鑫零售再到百联集团等，阿里巴巴战略投资百货公司，均以数字化手段全面推动零售线上线下融合，打破传统零售企业与线上平台的边界限制，进一步扩充"全品类＋全渠道"的模式。

（2）下沉二三线城市：从 2016 年的战略投资三江购物，到 2017 年入股联华超市，再到 2018 年入股居然之家，阿里巴巴新零售布局不断向二三线城市扩张，以便抢占更多的消费场景。

（3）抢夺年轻消费群体：以新鲜、健康、时尚、精致为定位，阿里巴巴开设盒马鲜生线下门店，引入餐饮等服务，并且提供快速配送服务，目的就是为了能够迅速抢夺年轻消费者群体。

（4）培养消费者消费习惯：依靠物联网支付技术和生物识别技术等科技手段，阿里巴巴布局无人酒店、无人咖啡馆等，消费者从进店、购物到结算仅需携带手机便能完成，简化了消费流程，逐步培养消费者的消费习惯。

2. 腾讯新零售布局现状

腾讯在 PC 时代靠 QQ 起家，凭借流量优势进入移动互联网领域，后又凭借微信牢牢把握流量优势，以此为依托实现游戏、广告、支付等变现渠道，腾讯整个发展路径的核心优势是社交。在新零售布局上，与阿里巴巴直达终端的中心化思维相比，腾讯更强调自己做生态圈的地基，选择与更有效率的企业进行合作，而非直接参与竞争。腾讯将全系商品对接给企业，给予相关企业所需的资源，以赋能连接所有场景，助力新零售，如图 1-26 所示。腾讯的去中心化策略已经获得诸多传统实体零售商的支持。

图1-26 腾讯全系商品助力新零售

腾讯逐步以京东、永辉超市作为两大抓手，在新零售领域广泛布局，布局情况如表 1-9 所示。

表 1-9 腾讯近年来的新零售布局

时间	企业	级别	事件
2016 年 8 月	京东	战略投资	腾讯投了 2 轮京东，增持京东股份，是京东第一大股东
2017 年 10 月	美团点评	战略投资	腾讯领投美团点评 F 轮 40 亿美元
2017 年 12 月	永辉超市	股权转让	永辉超市实控人以 8.81 元 / 股向腾讯转让 5% 股份
2017 年 12 月	唯品会	Post-IPO	腾讯、京东联合投资 8.63 亿美元
2018 年 1 月	万达集团	战略投资	腾讯联合苏宁、京东、融创投资万达约 340 亿元
2018 年 1 月	海澜之家	战略投资	腾讯 25 亿元入股海澜之家，持股 5.31%
2018 年 2 月	步步高	战略投资	腾讯、京东入股步步高，腾讯持股 6%
2018 年 4 月	拼多多	C 轮	腾讯领投拼多多 C 轮亿级别美元的融资
2018 年 4 月	华润集团	战略合作	腾讯与华润集团联手开展智慧零售等领域合作
2018 年 9 月	每日优鲜	D 轮	腾讯共投了每日优鲜 4 轮

另外，腾讯的电商业务也在布局线下，每日优鲜结合前置仓优点推出每日优鲜便当购，在无人货架中占有头部地位。美团也推出了掌鱼生鲜。京东也在不断扩大其线下"触角"，推出了京东便当店、京东家电专卖店、京东无人便利店、京东之家、京东 7Fresh、

京东电器超级体验店等，京东第一家电器超级体验店已于 2019 年年底在重庆开业，也是全球最大的电器超级体验店，如图 1-27 和图 1-28 所示。该店近 5 万平方米的卖场面积超过目前任何一个电器实体店，是拥有沉浸式强体验的线上线下深度融合商业体，经营家电、手机、数码等商品，包含较全的零售场景及众多餐饮娱乐项目，能够全面满足消费者逛、玩、买的深度体验需求。

图1-27 京东电器超级体验店发布会

图1-28 京东电器超级体验店入口

第2章

新零售商业模式

通过阅读本章内容，你将：

- ◀ 认识各种新兴技术在新零售商业中的应用；
- ◀ 掌握新零售商业模式并对其进行对比分析；
- ◀ 具备新零售商业运营思维。

思维导图

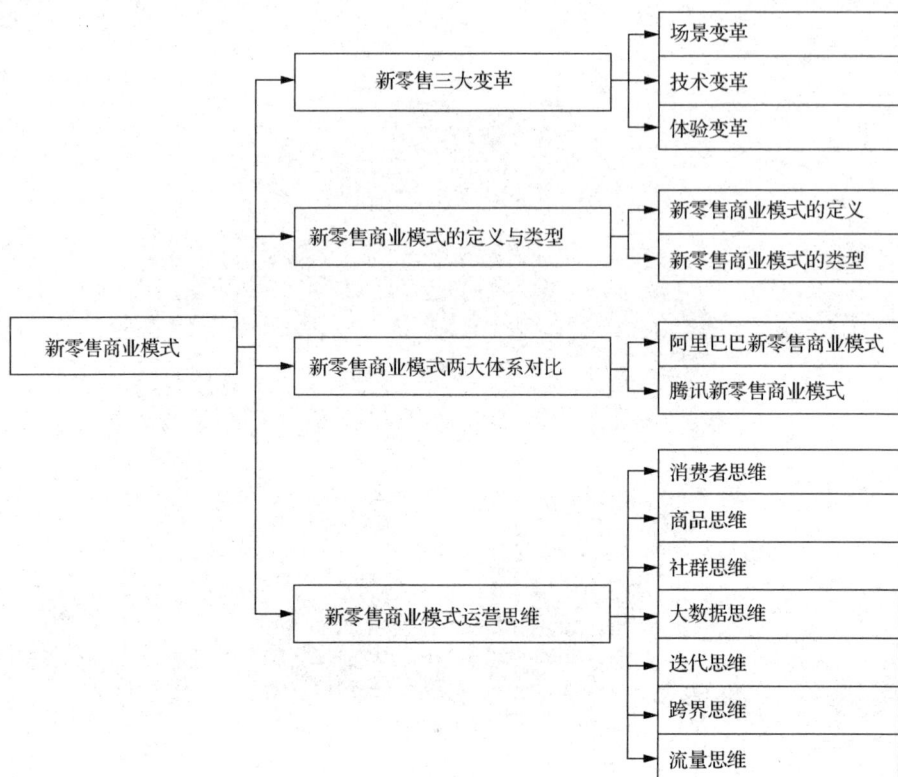

案例引入

　　曾经在胡润品牌榜蝉联榜首的海澜之家是我国男装品牌行业备受关注的焦点。在一片关店大潮中，近几年海澜之家却出人意料地实现了逆势增长。

　　2017 年，海澜之家与天猫达成全面战略合作，双方在杭州正式签署了关于智慧门店总体布局和落地的协议，基于天猫提供的大数据解决方案，双方在新品首发、渠道管理、大数据赋能、线上线下全渠道融合等多个方面展开了一揽子的合作，助力海澜之家实现线上线下同款同价策略，进一步提高了消费者的购物体验。

　　海澜之家就像麦当劳一样，成功转型为一种轻资产运营模式，它将存货和资金分配给上下游服务商，自己只提供品牌管理、供应链管理、营销网络管理等服务，将供应商、加盟商、企业三者整合成一个利益共同体，形成一个高度扁平化的共享经济平台。

　　通过与天猫的合作，海澜之家可以借助天猫的大数据技术，从底层数据层面更加了解国内服装消费市场的动态，以研发、生产、物流、终端等全产业链条和体验、购买、支付等全消费环节的大数据运营管理为切入点，实现了对人、货、场的重构。

这种轻资产运营模式让其在 H&M、TOPSHOP、New Look、GAP、Forever21、ZARA 等发展放缓时出现了逆势增长。

开动脑筋：

1. 海澜之家的这种轻资产零售模式具有哪些特点？
2. 大数据在传统零售转型升级中具有怎样的意义？

2.1　新零售三大变革

零售业的发展变革实则是"人—货—场"三者关系的变革。在物质比较匮乏的年代，市场上的商品处于供小于求的状态，零售业运营模式以"货→场→人"进行构建，将"货"作为核心，谁拥有商品谁就具有议价权；随着人们物质生活水平的提升，商品不再稀缺，此时的零售业运营模式以"场→货→人"进行构建，将"场"作为核心，众品牌的竞争集中在黄金地段店面的角逐上；在电子商务飞速发展的今天，零售业销售渠道不单单依赖于线下门店，出现了线上线下融合发展的趋势，此时的运营模式以"人→货→场"进行构建，强调"人"在消费中的主导作用。

新零售不仅是线上线下的全渠道融合，还是对"人—货—场"价值的重构。

2.1.1　场景变革

新零售的场景变革可以从线下场景和线上场景两方面来进行了解。

1. 线下场景变革

从 H&M 和 GAP 时尚服装公司在我国的业务下滑开始，ZARA 母公司 Inditex 的销售增速开始放缓，英国高端品牌 TOPSHOP 和 New Look 在 2018 年宣布撤出我国，Forever21 也在 2019 年 4 月宣布退出我国，而 2019 年 10 月国内品牌拉夏贝尔也出现了关店潮。快时尚品牌的发展，在新零售巨大冲击下纷纷面临严峻挑战。但同样作为快时尚品牌，长期专注基础款和创新面料科技的优衣库，凭着过硬的口碑与商品质量，一举超越 ZARA 和 H&M，成为增速最快的快时尚品牌。优衣库的成功不仅仅是抓住了消费者的观念，更重要的是了解消费者的真正需求，以大数据为基础，洞察消费者，并以技术为载体，构建体验式消费场景。除了优衣库之外，还有无人便利店、AR[①]装修等。

（1）无人便利店

无人便利店是一种借助技术手段，智能化自动处理店内的经营流程，从而降低或杜

---

①　AR：增强现实技术（Augmented Reality，AR）。

绝人工干预的零售形式。2017 年，在阿里巴巴的无人超市"淘咖啡"、缤果盒子（见图 2-1）等的引领下，EATBOX、甘来智能微超等无人便利店纷纷现身。2018 年，微信支付的首家无人快闪店在上海开业，这标志着腾讯作为第二大巨头，也涉足无人零售领域。

图2-1　缤果盒子无人便利店

① 无人便利店的特点

无人便利店以消费者体验为核心，搭建一种全新场景式购物模式，主要特点体现在以下几个方面。

一是消费者个性化体验感。无人便利店是依托人脸识别技术、扫码技术、电子支付等技术搭建起来的新消费场景，让进入体验的消费者有一种超前购物体验、个性化服务的快感。

二是即拿即走。相比于线下超市的排队购物，无人便利店更加快捷，消费者选好商品，直接到拣货台扫码支付即可；或者像淘咖啡一样，消费者直接走出闸机便自动完成了结算，大大降低了消费者的购物时间。

三是价格更优惠。无人便利店省去了店员、租金等成本，将节省出来的成本让利给消费者，从而能够以较优惠的价格向消费者出售商品。

四是 24 小时不打烊。无人便利店是全时间段运营，真正实现了 24 小时不打烊，可以满足消费者任何时间段的购物需求。

② 无人便利店的技术支撑

一是人工智能技术。以 Today 便利店、F5 未来商店（见图 2-2）、amazongo 等为典型代表的无人便利店，让消费者实现了"即拿即走"的购物体验，这些体验场景的搭建离不开人工智能的前沿技术支持，如机器视觉、深度学习算法、生物识别、卷积神经网络等。

图2-2 F5未来商店中机器人自动出餐

二是图像识别技术。缤果盒子目前的"小范 FAN AI"人工智能解决方案就是采用图像识别技术,取代此前一直使用的射频识别(Radio Frequency Identification,RFID)电子标签。缤果盒子的商品识别支付主要是通过图像识别和重力感应,收银台在发现有商品遮挡时,就会亮红灯提醒报错。搭载了图像识别技术的缤果盒子新旧收银台对比如图 2-3 所示。

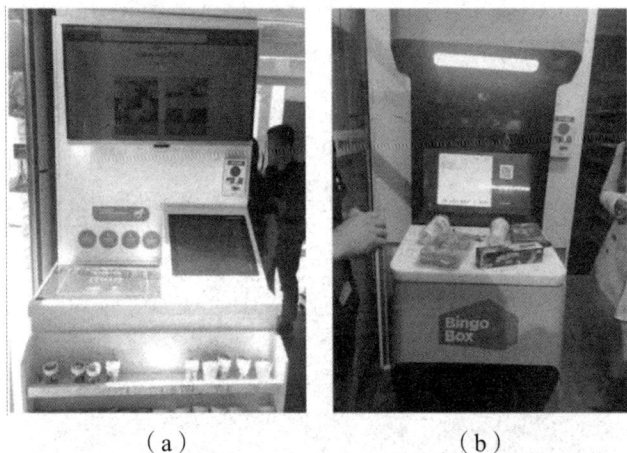

(a) (b)

图2-3 缤果盒子新旧收银台((b)图为搭载图像识别技术的新收银台)

三是自助收银技术。无人便利店的一大特点便是自助收银(见图 2-4),要实现该功能,需要条形码、无线射频识别、视觉识别等技术的支持。目前这种技术已被广泛地运用于线下超市中,如永辉超市、沃尔玛超市等。

(2)AR 装修

增强现实(Augment Reality,AR)技术是一种将真实世界信息与虚拟世界信息"无缝"集成的新技术,在屏幕上把虚拟世界嵌套在现实世界之中,进行互动。目前这种技术在消费领域应用十分广泛,如装修场景(见图 2-5),顺应了当下"80 后""90 后"等群体追求"全渠道购物""场景触发式购物"的需求。

图2-4　搭载了微信刷脸支付的无人收银台

图2-5　AR装修

①AR 装修的特点

一是选款便捷。在装修行业，消费者选择家具，以往更多的是依靠个人审美及感觉，如果看中一款家具，只有把家具搬回家中才能发现是否适合。AR 技术的引入有效地解决了这一痛点。消费者不必将家具搬回家中，只需要通过"实境家具导航"，将家居仓库中心仪的家具（如桌子、沙发、椅子、茶几等）放入利用三维仿真场景构建的房屋空间中，接近百分百地还原场景，方便了消费者选款。

二是消费者 360°沉浸式体验。消费者在移动平板或者手机上下载一个 AR 家装软件，便可以将想象中的家具呈现在现实场景中，并且可以自由地缩小、放大、移动、摆放家具，还可以在线尝试各种款式、颜色、风格，让挑选家具也可以像玩游戏一样有趣。

②AR装修的技术支撑

一是AR技术。通过计算机模拟仿真技术，将眼前真实空间的图像与虚拟的图像进行叠加显示，打破时空的限制，将图像、音频、视频以及触觉感知等数字化信息或计算机生成的信息实时融合到真实环境中，其代表商品是"瞄再买"，如图2-6所示。

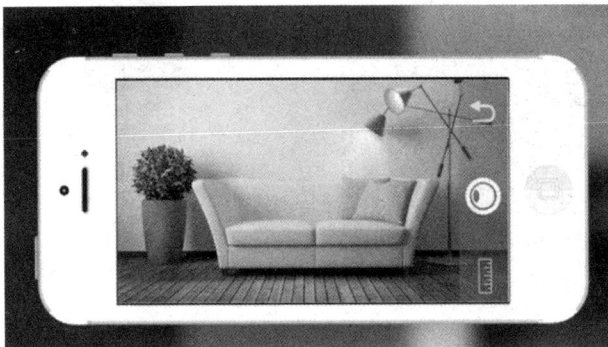

图2-6　"瞄再买"AR技术应用

二是智能测量技术。通过AR软件，消费者可以智能测算出实际房子的面积，以便真实感知家具的装修效果。

2．线上场景变革

新零售的本质是场景下沉和场景融合，经历了各种新旧更替，消费者也逐渐形成了"线上提供便利、线下提供体验"的认知，电子商务在互联网及移动互联网、智能生活的背景下，线上销售场景也不再单一，借助更多技术手段，呈现出了多样化趋势，如VR[①]试衣间、直播间卖货等。

（1）VR试衣间

2016年，淘宝隆重推出的"淘宝造物节"Buy+虚拟场景购物体验令人印象深刻。消费者带上VR眼镜，眼前立刻出现梦幻般的购物景象，同时消费者还能拿起里面的物体，进行360°无死角欣赏。可惜的是，消费者并不能在其中亲身试验商品。针对这一现象，淘宝后期又推出"360°虚拟试衣"功能。VR技术后续被更多的电商平台应用，京东等平台纷纷推出虚拟试衣间，为消费者提供一个身临其境的购物体验，如图2-7所示。

①VR试衣间的特点

一是全景体验式选款。消费者带上VR头盔，眼前立即出现购物场景，机器人导购帮助消费者选购服装，消费者就可以立体化地了解服装的各项属性，如颈肩调节、紧身程度、褶皱程度等，360°全景欣赏自己穿上服装后的效果。

---

①　VR：虚拟现实技术（Virtual Reality，VR）。

（a）　　　　　　　　　（b）

图2-7　京东虚拟试衣间

二是降低运营风险。传统线上购买衣服，消费者因下单前无法亲身体验上身效果，而下错单产生退款、退货问题，这对于店家而言，网店的退货风险将大大提高，而VR试衣间的出现，帮助消费者降低了下单的失误率，也让网店降低了运营风险。

三是让定制服装成为可能。网店上架的商品，往往是按照大众身材、体型设计的，但消费者却是千人千面的，很多人穿上衣服后，对于衣长、袖长等都需要进行调整，这种个性化的需求，以往是很难反馈给卖家及厂家的，现在消费者通过VR试衣间，可以联系到卖家，让其快速获取到消费者的个性化需求，为消费者实现量体裁衣。

②VR试衣间的技术支撑

一是三维仿真技术。该技术是利用计算机技术生成一个逼真的，并且集视、听、触、味等多种感知于一个虚拟环境中，让消费者通过使用传感设备，与虚拟环境中的实体相互作用的一种技术。

二是体感互动技术。可以让消费者身临其境地使用肢体动作，与周边环境、内容进行互动。

（2）直播间卖货

某直播"大V"在2018年成功挑战"30秒涂口红最多人数"的吉尼斯世界纪录，成为该纪录的保持者，2019年又入选福布斯我国30岁以下精英榜，一句"OH my god!"刺激了众多消费者，曾创下一场直播卖出15万支唇釉、3分钟内卖出5000单资生堂红腰子、1分钟售罄4万口柳宗理铸铁锅等销售纪录，如图2-8所示。

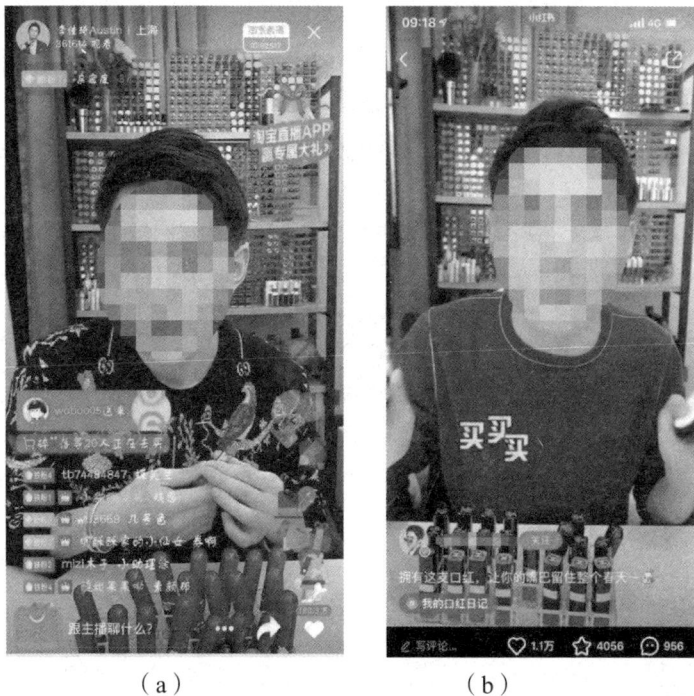

（a）　　　　　　　　（b）

图2-8　某直播"大V"的直播间

① 直播间卖货的特点

一是商品更具有真实性。直播通过真人全面讲解商品或服务，让消费者看到的是未加修饰过的商品及销售过程，会让消费者更加信任商品。

二是销售方式更加具有互动性。主播在直播间卖货，消费者进入直播间，可以随时向主播提问，以弹幕、送礼等方式，与主播进行互动交流，甚至还可以与明星像朋友一样面对面交流，这种方式让消费者具有更强的参与感。

三是主播通过试用进行全方位讲解。线上购物的一大缺陷是消费者只能看、不能用，直播卖货时，主播可以通过亲自试用或者试穿商品，向观看的消费者进行全方位讲解，打破传统的导购与消费者的关系，以一种更加亲民的形式向粉丝推荐商品。

② 直播间卖货的技术支撑

一是直播平台搭建技术。搭建直播平台，需要多种技术，如音视频编解码技术、音视频同步技术、传输技术、渲染技术等，这些都是搭建直播系统时所必备的。

二是互联网及移动互联网技术。直播是通过互联网及移动互联网方式，将录制的视频内容推送给粉丝及特定人群收听或收看。消费者观看直播的顺畅度离不开网速支持。

2.1.2　技术变革

科学技术是第一生产力，驱动着电商和零售业变革，如移动互联网技术、物联网技术、人工智能技术、无人零售技术、大数据分析技术等。

1．移动互联网技术

到 2019 年，我国移动互联网基础设置不断完善，工业和信息化部正式向中国电信、中国移动、中国联通、中国广电发放 5G 商用牌照，我国正式进入 5G 商用元年。在此之前，我国 4G 宽带与智能手机的盛行，移动通信与互联网的结合，让智能手机成为移动互联网的首要入口。

在电子商务领域，移动电商发展迅速，2019 年全球社交网络平台 Twitter 发布的《全球移动电商研究报告》指出，千禧一代（22 ～ 37 岁）的 Twitter 消费者中，热衷移动消费的比例高达 76%，其中 39% 属于"重度"移动消费者，他们每周都会且仅会在移动端进行购物消费。

另外，根据艾媒咨询发布的《2019 中国社交电商行业研究报告》显示，从 2016 年到 2020 年，我国移动电商消费者规模将会一直处于上升态势，而使用社交电商的群体中，24 岁及以下社交电商消费者占比为 35.7%；25 ～ 30 岁消费者占比为 27.7%，如图 2-9 所示。

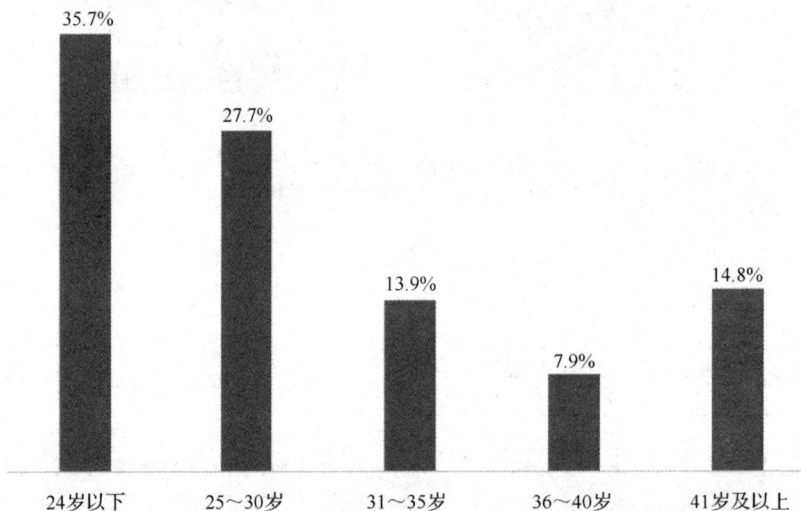

图2-9　2019年我国社交电商消费者年龄分布

以上数据无一不在告诉我们移动互联网技术对于零售行业的冲击力。

2．无人零售技术

无人零售技术是社会科学技术飞速发展的产物，就像在场景革命中提到的那样，无人零售以消费者为中心，构建新的体验场景。

无人零售技术的应用主要体现在 3 个方面，分别是无人收银、无人导购、24 小时无人售货终端，其对比如表 2-1 所示。

表2-1 无人零售技术的应用对比

无人零售技术应用	解决痛点	行业应用
无人收银	（1）排队时间减少 （2）降低线下零售人员成本 （3）实现数据化运营分析	商超 百货 便利店
无人导购	（1）降低成本 （2）标准化导购流程 （3）实现机器人全程陪购和手机智能导购	购物中心 百货领域
24小时无人售货终端	（1）降低门店租赁成本及人员运营成本 （2）离消费者更近，可在办公室、写字楼、机场等人流大的场所设立无人超市或者智能无人货架 （3）时间上更加便利，实现24小时营业不打烊	无人便利店 无人自动售货机

3. 物联网技术

物联网是信息化时代的发展产物，是继计算机、互联网之后世界信息产业发展的第三次浪潮，利用局部网络或互联网等通信技术，把传感器、控制器、机器、人员、货物等通过新的方式连接在一起，形成人与物、物与物的互联，实现信息化、远程管控、智能运作的网络。该技术被广泛应用于快递物流行业，通过货物追溯的方式，实现货物可视化管理。随着5G标准的建立与信息传感设备的大规模应用，物联网技术将大大推动实体零售实现全链路的数字化运营。

4. 人工智能技术

当前是一个信息大爆炸时代，零售商开展线上线下融合，所面临的数据来源多、数据格式多、数据容量多等问题尤为严重，如何将海量的图片、声音、视频等非结构化数据进行处理，并把这些数据转化为有价值的信息，就需要通过人工智能来完成。如今，人们对人工智能已经不陌生，我们生活中很多地方都有它的影子，如苹果Siri、亚马逊Alexa、特斯拉等，人工智能技术在新零售中的应用更是不可或缺。

在互联网时代，每个人都是信息的制造者和传播者，消费者的每一次浏览、每一次消费都会被记录下来，形成零售数据。2016年马云在云栖大会上首次提出了"五新"概念，他将数据比作"五新"之一的"新能源"，阿里巴巴集团技术委员会主席王坚更是将数据比喻为"望远镜"和"显微镜"，能够让商家看到过去看不到的消费者信息。数据的分析、解读单靠人脑已经很难解决，需要借助人工智能技术，未来需要用数据赋能新零售。

5. 大数据技术

大数据原指无法在一定时间范围内用常规软件工具进行捕捉、管理和处理的数据集合。新零售方面的大数据更加具体，如消费者的搜索数据、浏览数据、购买数据、咨询数据、评价数据、"晒单"数据等。2019年天猫"双十一"全天成交额2684亿元，京东

"双十一"活动期间累计下单金额超过 2044 亿元，苏宁易购"双十一"全天全渠道订单量增长 76%，这些数据背后是消费者的兴趣、购买力、进店频率、消费偏好等行为逻辑。

如果商家能够对这些消费数据背后的行为逻辑进行分析，就能够开展个性化精准营销，大大节省营销成本，提高营销转化。日本知名服装零售商"优衣库"通过收集储存消费者的相关数据，对数据进行分析，了解消费者经常买什么款式的服装、去哪个店消费、消费的频次是多少等，然后有区别地开展营销推广。大数据分析的应用十分广泛，如表2-2所示。

表2-2　大数据分析的应用

大数据分析的应用	优势
电商的推荐系统	根据消费者的浏览行为、购买行为，同时匹配相同属性的消费者行为，进行分析计算，得出消费者的兴趣偏好，为消费者推荐他们可能感兴趣的商品
广告精准投放系统	基于精准的消费者画像，在投放广告时可以选择消费者的年龄段、地域、可能的收入水平、男女、爱好、使用的手机类型等，让广告更多地投放到目标消费群体面前

2.1.3　体验变革

1．虚拟现实购物体验

随着消费的升级，当前的消费主力为"80后""90后""00后"，他们的消费观念和习惯在不断变化。以美妆行业为例，传统的美妆品牌采用的是线下布置专柜，美妆顾问向消费者推荐商品的形式。随着一些网络美妆品牌的诞生，众多传统品牌也在不断创新。例如，上海家化开启"数字赋能品质营销"工作，线上线下融合发展，工厂实现数字化及自动化运营管理；玛丽黛佳摒弃旧的生产固定化商品并开展广告代言的模式，基于商品本身，深挖消费者痛点，推出了许多令人耳目一新的商品；新兴网红品牌完美日记在小红书平台上吸引流量，大量输出试色、试装教程等内容，通过社交裂变的形式，吸引了170多万粉丝，最终实现变现。

美妆品牌除了营销渠道的变革外，对于"黑科技"的引入也十分积极。2019年，日本资生堂推出了一个基于物联网的个性化护肤系统Optune，如图2-10所示。该系统可以根据消费者上传的自拍照测定消费者的皮肤纹理、毛孔大小、皮肤水分含量等数据，并把这些数据结合当天的气温、湿度、紫外线等进行分析，向消费者推荐专属的精华液与乳霜。

此外，虚拟上妆、虚拟变换头发颜色、虚拟换发型等各种购物体验层出不穷。这种虚拟现实的购物体验不仅能够充分调动消费者的好奇心，还能通过人工智能的大数据分析充分了解消费者的个性化需求，为美妆行业供应链企业由工厂模式走向自主品牌模式提供便利。

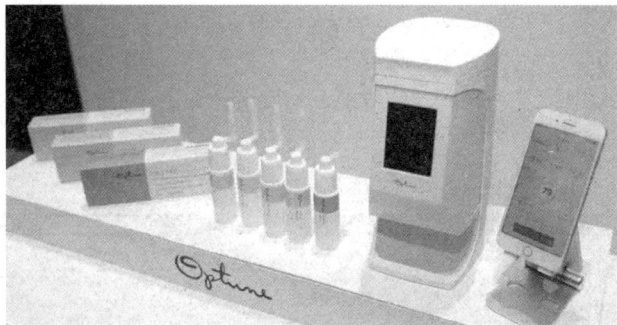

图2-10　资生堂Optune

虚拟现实购物的实现离不开 VR/AR 技术的支撑，VR 会将消费者带入一个全新的环境中，打造身临其境的体验感；AR 通过现实商品和虚拟信息的叠加，打造类似虚拟试衣、试妆的购物体验。与传统零售体验对比，虚拟现实购物体验的优势十分明显，主要体现在以下几个方面。

（1）帮助消费者解决一些麻烦

例如，消费者购买汽车，逛了很多家体验店，试驾了很多辆汽车，这都极其耗费精力。消费者买车也不仅仅是看汽车外观、看汽车款式就能做出决定的，消费者更希望通过亲身体验，了解车辆的性能配置、内部设计等。采用 VR 技术，消费者通过虚拟试驾的方式就可以有效解决该问题。

（2）让消费者的商品体验更便捷

例如，消费者购买家具，进入宜家或红星美凯龙，众多的家具让人眼花缭乱，挑选了自己心仪的家具，却又担心与家里的整体装修风格不搭，此时，消费者通过 AR 技术，动动手指头，就能了解家具真实摆放效果，甚至可以在线设计自己的家具搭配方案。

（3）使得定制商品更形象化

以往定制商品依靠的是消费者的想象力，而基于 VR/AR 技术的虚拟购物体验模式，可以根据消费者的需求快速生成虚拟图像，设计的效果一目了然，如耐克的定制运动鞋。

2．消费者个性化需求体验

随着我国社交媒体的崛起和 Z 世代[①]消费者成为主力消费人群，消费者不再满足于传统商品带来的消费体验，消费者更偏向于拥有个性化人设的商品。

例如，美国的一间阿迪达斯门店，里面有一间 3D 立体投影室和一些虚拟的原始鞋子模型。消费者通过在空中挥手，操作系统感应后自行转换，灯光模拟不同的图形打在消费者选定的款式模型上，展现出成品鞋的效果，如果消费者满意设计，就可以直接在

---

①　Z 世代是美国及欧洲的流行用语，意指在 1995—2009 年出生的人，又称网络世代、互联网世代，统指受到互联网、即时通信、MP3、智能手机和平板电脑等科技产物影响很大的一代人。

系统内下单线上支付，并等待独一无二的定制版鞋子送达。

同样注重定制化商品服务的安踏与银泰、天猫联合，共同打造定制服务体系，安踏官网首页，设有 KT4 高帮篮球鞋定制导航，消费者进入定制页面后，可自行选择鞋子各个部位的颜色，完成后即可下单购买，如图 2-11 所示。

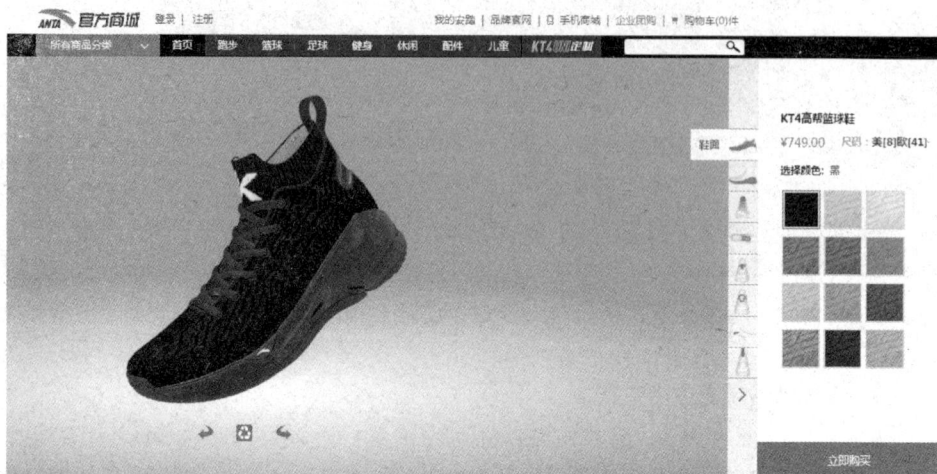

图2-11　安踏KT4高帮篮球鞋定制

这种个性化的定制需求不仅出现在鞋履领域，在服装、美妆、礼品、家具等众多领域皆有出现，这背后是消费者追求差异化体验的消费逻辑。与传统零售体验对比，这种个性化需求体验的优势主要体现在以下两个方面。

①以消费者需求为核心，满足其对细节的个性化追求。消费者的需求是千变万化的，每个消费者出于自身的实际条件、人际交往等需求，会有不同的喜好和习惯，消费者希望自己是独一无二的，从细节上体现出自己的独特性，提高自己在社交领域的地位，丰富现有的生活方式。

②拉近了商家与消费者的距离。传统零售的话语权在商家手中，消费者只能被动地选择商品；新零售让消费者也能够参与到商品的设计、研发、生产中来。例如，小米的很多商品从研发到创意都会听取消费者的意见，以一种相对娱乐化的心态开展营销推广，消费者纷纷参与其中，当小米发布商品时，很多消费者都会觉得自己为商品付出过，对于品牌及商品的黏性会更高。

2.2　新零售商业模式的定义与类型

新零售的发展历经了 B2C、C2C、O2O 等商业运营形式的探索，阿里巴巴、小米、京东等商业巨头，纷纷对新零售进行探索，并不断创新商业模式，行业中出现了平台级新零售、存量级新零售、增量型新零售等类型，新零售商业模式分为初级模式、中级模式、终极模式。

2.2.1　新零售商业模式的定义

新零售商业模式，即一家企业与跟它利益相关者的交易结构，也就是一家企业依托互联网，通过大数据、人工智能等技术手段的应用，对商品的生产、流通、销售等过程进行升级改造，重塑产业结构与生态圈，并对线上服务、线下体验以及现代物流进行深度融合的零售新模式。

例如，盒马鲜生的"超商＋餐厅"综合经营模式，消费者购买食材后，可以当场烹饪，当线下的商品品质得到消费者认可后，能够推动线上生鲜的销售。这种新零售商业模式与传统超市相比，主要区别如表 2-3 所示。

表 2-3　盒马鲜生与传统超市商业模式的区别

区别	盒马鲜生	传统超市
门店定位	以场景定位，围绕吃构建商品品类	以超市、店面的规模、人群划分定位
商品结构	提供一种生活方式，将家庭生活搬到店中	品类庞杂，多为简单的商品
餐饮与超市的关系	餐饮与超市融合，成为盒马鲜生的加工中心，为其提供半成品和成品服务	超市多以提供餐饮的原材料为主，部分成品或半成品作为商品零售
门店组织架构	餐饮副店长、物流副店长、线上运营副店长	财务部、采购部、招商部、运营中心等
门店功能	超市功能＋餐饮功能＋物流功能＋粉丝互动运营功能	超市功能

新零售商业模式未来的发展趋势主要体现在以下几个方面。

（1）线上线下发展趋于融合。消费者最早选择网上购物的一个原因是网上商品价格便宜，随着线上线下及物流的融合，未来零售或将统一线上线下价格、质量、体验等，打破线上线下差异，如 2019 年的"双十一"活动，已经不仅仅局限于线上，线下门店也开展了"双十一"大促活动。

（2）体验式消费、个性化服务将融合到消费者的生活之中。随着消费者需求的明显差异化，一些个性化、创新性的消费模式将被很多消费者喜爱，如小众品牌的买手店模式、"网红"带货模式等。

（3）企业生产更加智能化、科学化。随着线上线下的融合，需求与生产供给信息的实时共享，从生产到消费环节，企业可以通过大数据、云计算等技术进行预测，从而控制产能，降低库存风险，提高运营效益。

2.2.2　新零售商业模式的类型

1．初级模式：实体店的变革

沃尔玛是一家世界性连锁企业，主要涉足零售业，主营生鲜食品、服装、家电等两万多种商品，为消费者提供独特"一站式购物"体验。

随着电子商务的发展，沃尔玛从 2010 年开始试水电子商务领域，第一步是开通山姆会员网上商店，随后又于 2012 年开通微信服务，布局多渠道购物，2014 年山姆会员网上商店银联在线和购物卡在线支付服务上线。

2016 年，沃尔玛和我国的自营电商企业京东宣布达成一系列深度战略合作，双方通过整合各自在电商和零售领域的优势，在电商、跨境电商、O2O 等领域的合作取得了多项重要进展，如山姆会员商店独家入驻京东、全球官方旗舰店入驻京东全球购、沃尔玛购物广场入驻"京东到家"平台等。截至 2017 年 10 月，沃尔玛全球购官方旗舰店已经成长为京东全球购平台上品类较齐全的店铺，沃尔玛成为京东到家平台上增长速度较快的商家之一。

2018 年 8 月，沃尔玛和京东开展"8·8 购物节"，销量再创新高，参与活动的全渠道商品销售总额比 2017 年增长 10 倍多，沃尔玛京东到家平台开局仅 1 小时 14 分钟，订单量便超过 2017 年 8 月 8 日的全天订单量。2019 年 1 月，沃尔玛中国正式启动 Omega 8 项目，与更多创新创业型企业合作，深度探索前沿科技在零售行业的应用。

沃尔玛的变革并非个案，而是时代趋势所致。电子商务的冲击让传统的实体店经营模式受挫，传统的实体店需要寻求变革，它们的变革成就了新零售的初级模式，即线下实体店的内在变革，主要体现在以下 3 个方面。

（1）打破传统零售的壁垒，以场景体验，寻求跨界联营

传统零售企业是为了卖商品而卖商品，而互联网的冲击让跨界联营模式成为风潮。例如，永辉超市 2017 年推出的"超级物种"，在超市中加入餐饮元素，让消费者逛累了可以直接吃，吃完了再继续逛；盒马鲜生主打的"商超＋配送＋餐饮"的跨界模式，让消费者既可以在超市买到新鲜的生鲜食材，也可以在超市中试吃各种现做的海鲜食品，同时盒马门店作为前置仓，当消费者在线下下单后，在配送门店半径 5 千米内的消费者在 30 分钟内即可收到商品。

这样类似的案例很多，如消费者在服装店中喝咖啡、在书店中吃甜点、在书店中理发等，其实质都是企业通过跨界联营塑造出不同的场景，让消费者除了常规购物外，能够享受到更多的服务，从而带动周边商品的销售。

（2）深挖消费者需求，以工匠精神追求极致体验

有了线上购买渠道之后，更加关键的是传统大卖场能否在商品方面顺应线上消费者的购买需求。日本的"7-11"看似不起眼，却在 2017 年 2 月开店数量远超全家和森罗。究其原因，与"7-11"通过大数据分析消费者需求，进行个性化供需配对与推荐不无关系。

无印良品在日常运营中与咖啡餐饮、文化艺术、时尚美容等跨界联营，通过极致的资源整合能力和对消费者体验的高度重视，为消费者提供了一种全新的体验。

在电商的冲击下，各家零售企业竞争加剧，以工匠精神打造消费者极致体验无疑为众多零售企业凸显优势、精准营销找到了出路。

（3）细分消费群体，创新零售模式，寻找新市场

沃尔玛与1号店、京东合作，麦德龙与天猫超市合作，大润发与国美在线合作，华润集团与新美大合作，永辉超市与京东合作，三江购物与阿里巴巴合作，随着这些零售企业纷纷搭建O2O平台，零售企业出现商品同质化现象，该如何提高消费者的黏性呢？Costco成为很多零售企业学习的对象。

2019年8月27日，美国的零售巨头Costco在上海闵行开业，店内有27个品类共计4000多种商品，开业5小时就暂停营业。雷军曾说："进了Costco，不用挑、不用看价钱，只要闭上眼睛买，这是一种信仰。"

传统商超的盈利模式基本为企业赚取进货和出货的差价，而Costco则是精准定位消费群体，主要聚焦服务家庭收入8万美元以上的中产消费者，从多、快、好、省4个维度开展经营业务，通过降低运营成本、减少品类等方式，让成为会员的消费者得到更大实惠。

Costco的运营模式颠覆了传统的商超模式，形成一种极具生命力的新型模式，细分目标消费者群体，精准定位，提供独具特色的商品，从而赢得市场。

2．中级模式：线上导流、线下体验

随着电商的发展，诞生了很多电商品牌，如三只松鼠、完美日记、花西子等，它们通过天猫、淘宝等平台打开了市场，赢得了消费者的认可后，将线上的商品搬到线下卖，从而实现供应链转型，如三只松鼠就布局了线下投食店。

2016年9月30日，三只松鼠第一家线下体验店Feeding Store（见图2-12）投食店在安徽芜湖正式开业，从开业第一天起，这家零食店门口就排满了进店的粉丝，开业一周内，进店人数达到5万人，总销售额超过110万元。

图2-12 三只松鼠线下体验店Feeding Store投食店

三只松鼠线下体验店从各个细节体现着与众不同，如收银台叫作"打赏处"、分装袋叫作"投食袋"、标签价格叫作"投食价"等。三只松鼠创始人章燎原将线下店做了如

下定位：一个城市的歇脚地——逛街路过的时候到这个地方歇歇脚，在人生奋斗的过程中歇歇脚，不强调买卖的功能，强调体验和互动，为的是增强跟消费者的一种黏性关系。

类似于三只松鼠这种线上导流、线下体验的零售经营模式是新零售的中级商业模式，有以下两个显著的特点。

（1）多品类经营

例如，三只松鼠以卖坚果起家，于2015年开始布局全品类商品线，出现在官方旗舰店的不仅仅有坚果，还有各种新鲜果干、糕点点心、肉类熟食等，如图2-13所示。

图2-13　三只松鼠天猫旗舰店首页导航

（2）概念延伸

例如，三只松鼠强化"造货＋造体验"的核心能力，在商品研发上持续投入，不断创新单品和消费者体验方式，重新定义新零食，让消费者吃得更安全、更健康、更开心；坚持线上线下联合发展，建立线上线下联动销售网络，形成"一主两翼三侧"的全渠道覆盖格局，成为新零售商业模式的典型代表。

三只松鼠正是基于这样的经营理念，于2019年联合中国食品科学技术学会（CIFST）共同主办了中国食品科学技术学会第一届"三只松鼠杯"休闲食品创新大赛，如图2-14所示。大赛以"更新、更鲜、更健康"为主题，邀请高校及企业中感兴趣的食品创作者参与，大赛中涌现出了诸多创意，如"不如跳舞"开背跳跳虾、"豆老师"豆渣脆片、魔方口袋面包等。

图2-14　休闲食品创新大赛

3. 终极模式：线上线下一体化

线上导流、线下体验的中级零售模式催生出了一种O2O模式，但是阿里巴巴的管理者却在内部员工交流会上说，"我们始终认为，O2O是一个伪命题。"他之所以这么说，是因为O2O将线上线下一分为二，但新零售需要的不是"从线上到线下"或者"从线下到线上"，而是彼此融合发展，即全盘打通、多渠道融合运营。

2017年，马云在IT领袖峰会上再次提到新零售，他表示10年后，纯电商会很艰难，线下零售业会很艰难，新零售实际上要把线上线下物流整合在一起来思考。随后几年的发展，也逐渐印证着他的这一预测。

以家居建材领域的企业东鹏为例，2008年东鹏在淘宝商城开通网店，销售旗下的瓷砖和洁具商品；2015年开始尝试线上线下联动营销，"双十一"期间线下营销与线上营销保持同步，当天创下1272万元交易额的记录，一举迈入千万元级别市场；2016年，为了解决与经销商之间的矛盾，东鹏开始与经销商进行全品类服务合作，创新经营模式，让经销商的瓷砖和洁具实现了100%派单，2016年全年销售额超过3亿元。

类似于东鹏这样的企业还有很多，它们无疑是新零售转型成功的，分析这些转型成功的零售企业，它们有共通之处，那便是打通了线上线下、物流、服务等各个环节，成功布局全渠道柔性供应链管理，表现出以下特点。

（1）大数据推送。在新零售时代，每个企业都开始注重数据的价值，正如马云将数据比喻为能源一样，企业根据大量的数据分析，细分市场、细分消费者，无论是内容营销，还是活动推广，都做到了精准营销。

（2）配送模式。无论是盒马鲜生，还是沃尔玛，在配送模式上都做出了创新，以消费者体验为主，引入物联网技术，有效解决了"最后一公里"配送问题，送达速度更快，配送能力更强，配送信息更透明。

（3）消费者画像。各大企业通过线上平台的大数据采集与分析功能，可以清晰准确地了解消费者的偏好，建立消费者标签。

2.3　新零售商业模式两大体系对比

在2.2节，我们提到了新零售的商业模式，有实体店的初级模式、线上引流线下体验的中级模式、线上线下全面融合的终极模式。新零售商业模式的典型代表是阿里巴巴与腾讯的新零售布局，本书第1章已经对阿里巴巴和腾讯的新零售布局进行了详细阐述，本节主要对这两家公司的新零售商业模式进行对比分析。

2.3.1　阿里巴巴新零售商业模式

阿里巴巴一直是新零售的引领者。自2016年马云提出"新零售"概念以来，阿里巴巴CEO张勇多次公开谈及自己对于新零售的理解。2018年11月26日，张勇发出全员公开信，阿里巴巴将整合企业对企业（Business to Business，B2B）、淘宝、天猫等的技术力量，成立新零售技术事业群。

阿里巴巴在新零售上采用中心化布局，依靠第三方商家，构建"轻资产"的平台模式，只为各商家提供数据和营销支持，具体运营全部由合作伙伴负责。同时，阿里巴巴与各产业的联系也十分紧密，通过股权设计控制风险，如图2-15所示。

阿里巴巴的新零售策略是以自己为中心打造一个生态圈，在这个生态圈中阿里巴巴发挥指挥作用，以其龙头地位指导与支撑多个线下零售店。

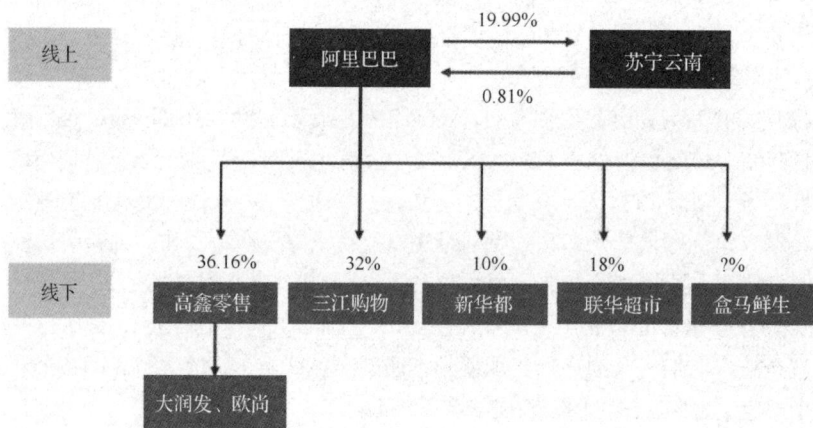

图2-15　阿里巴巴新零售线上线下布局

2.3.2　腾讯新零售商业模式

与阿里巴巴的"轻资产"商业模式相比，腾讯的新零售商业模式以搭建底层框架为主，为商家提供物流、服务等基础设施，将运营机会留给所有合作伙伴，是一种"重资产"自营模式。

腾讯采用的是去中心化布局，投资京东后，又与京东一起投资了永辉超市，从而形成了一个三角形商业模式，基于这个三角形商业模式，永辉又与腾讯一起入股家乐福中国，如图2-16所示。而京东延续"重资产"自营模式路线，自建物流系统，打通线上线下渠道和供应链。

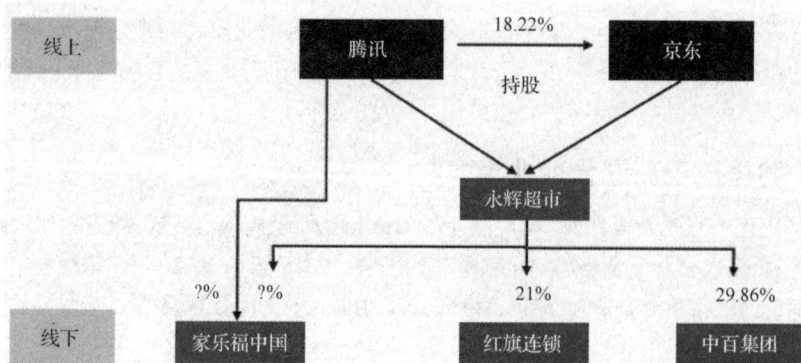

图2-16　腾讯新零售线上线下布局

阿里巴巴与腾讯在新零售商业模式上的区别如表 2-4 所示。

表 2-4　阿里巴巴与腾讯在新零售商业模式上的区别

对比点	阿里巴巴	腾讯
轻资产还是重资产	轻资产	重资产
核心战略	中心化布局	去中心化布局
怎么发展	（1）大数据驱动 （2）不一定掌握线下渠道 （3）不一定建立自有线下品牌	（1）紧密联系供应链和物流 （2）打通线上线下渠道和供应链 （3）线下利用线上自营优势

2.4　新零售商业模式运营思维

新零售是未来的大趋势，零售商不仅要让企业进行变革，其传统的运营思维也需要革新，将互联网思维融入商品、消费者、运营等多方面，形成新零售商业模式运营思维，如图 2-17 所示。

图2-17　新零售商业模式运营思维

1．消费者思维

在传统零售背景下，企业与消费者洽谈时，往往是以消费者为中心，为了签单更多谈及的是消费者交易问题；在新零售背景下，以消费者为中心的洽谈更多的是企业向消费者介绍商品使用情况的交付问题，通过跟踪回访，了解消费者对商品的评价，及时掌握消费者的需求。

2．商品思维

新零售时代的消费者具有一个明显的特征，就是个性化需求越来越多，就像前面提到的安踏 KT4 高帮篮球鞋案例一样，消费者既是商品的使用者，也是商品的设计者。商品思维的背后是企业对消费者痛点的挖掘，急消费者之所急，设计出的商品才可能在短时间内成为爆款。

3．社群思维

移动互联网拉近了人与人之间的距离，让信息传递变得更加快捷，几乎人人手机上都安装了微信、QQ、抖音等社交 App，每个人以自己为中心，建立了一张张社交网络，如校友群、工作群、学习群、游戏群等，社交的快速裂变模式存在着很大的商机。

4．大数据思维

阿里研究院对新零售的定义是：以消费者体验为中心的数据驱动的泛零售形态。线下零售与电子商务的一个最大区别就是能否对消费者的消费轨迹进行数据记录。以人为本的大数据技术为零售创造了无数的可能性，使零售商能够无限逼近消费者内心的真实需求，最终有助于实现"以消费者体验为中心"的策略布局，即掌握数据就是掌握消费者需求，实现零售升级。

5．迭代思维

新零售的本质是效率革命，即最好最快地满足消费者需求，但是消费者需求是不断变化的，零售商可以通过不断地迭代升级来满足消费者变化着的需求，这是互联网快速发展后出现的一种新现象。

例如，一款线上体验 App 刚上线时，可能满足的是消费者的基本需求，企业通过邀请消费者参与的形式，征集更加多元化的需求，就可以通过不断迭代更新对原有 App 进行升级，实现更多功能，让消费者越来越满意。

6．跨界思维

2019 年，大白兔奶糖的跨界营销可谓十分抢眼，大白兔联合气味图书馆，推出大白兔奶糖沐浴乳、身体乳、护手霜等一系列商品，迅速冲上了微博热搜，引发消费者热议；无独有偶，2019 年另一个跨界营销也刷爆朋友圈，那便是 999 皮炎平推出口红套装。这些商品爆红的背后是企业突破边界不断创新的结果。

7．流量思维

"流量"这个词是随着互联网的发展而流行的，是一个平台或者 App 的浏览量，可以按照日、月、年计算。一般情况下，流量越高，网站的访问量越大，网站的价值就越高。销售转化上有一个公式：

$$销售额 = 流量 \times 转化率 \times 客单价$$

通过该公式，就会发现流量是商家发展的关键要素。

随着互联网的普及、移动互联网技术的发展，电商交易入口几经演变，从流量到内容再到知识，未来最重要的流量入口将是个人 IP [①]，谁掌握拥有大量粉丝的 IP，谁就可能是新零售的弄潮儿。

---

① IP：知识产权（Intellectual Property，IP）。

第3章

新零售运营

通过阅读本章内容，你将：

- 了解场景搭建技术及类型；
- 掌握新零售运营的整体流程及相关技巧，包括搭建消费场景、打通交易平台、构建全渠道营销、打造消费者新体验、营造智慧物流、完善数据中台等；
- 掌握重构供应链体系的方法。

思维导图

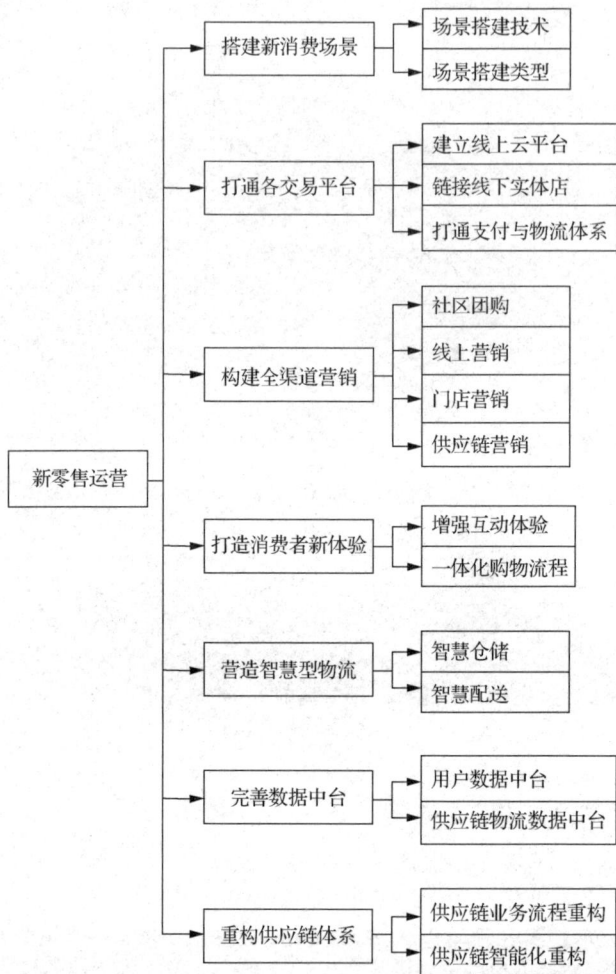

案例引入

2013 年，雷军启动了"小米生态链"计划，预计 5 年内建成 100 家创业公司，初衷是在它们身上复制小米模式，实际上小米生态链是小米构建其生态系统的战略一步。

小米生态链是一个基于企业生态的智能硬件孵化器，以小米手机为核心，以生态链企业为周边，以结盟、投资企业为外围的"小米生态"结构战略，其基本打法是："入资不控股，帮忙不添乱"的投资逻辑，以工程师为主的投资团队、矩阵式全方位孵化，成为全球智能硬件领域商品出货量最大、布局最广的生态系统。

随着该战略的布局，小米之家应运而生。小米之家的初衷是建立直营消费者服务中心，为广大"米粉"提供小米手机及其配件自提、小米手机的技术支持等服务，是小米粉丝的交流场所。

随着小米生态链战略的实施，2016 年年初，雷军在小米发布会上正式宣布，小米之家从服务店转型为零售店，成为小米官方直营的线下体验店，其商品除了小米手机之外，还有智能可穿戴设备、净水器、空气净化器、平衡车、插线板、路由器等一系列周边商品。

2017 年，在阿里巴巴网商大会上，雷军又一次公布了全新的小米"铁人三项"战略版图——"硬件 + 新零售 + 互联网"，[①]尤其是在新零售方面的探索，不仅赢得了掌声，也引起了科技界、零售界的注意。

雷军曾说，新零售就是更高效率的零售。我们要从线上回到线下，但不是原路返回，而是要用互联网的工具和方法，提升传统零售的效力，实现融合。如今，小米之家就是用互联网的工具和方法回到线下，实现了线上线下的融合，在提高了消费者"体验性"和"即得性"的同时，也提高了销售连带率和销售坪效[②]。

开动脑筋：

1. 小米之家是如何实现线上线下融合发展的？
2. 小米之家的运营优势凸显在哪里？

3.1　搭建新消费场景

以前，消费者选择商品，将商品的实际功能作为主要衡量标准。随着互联网的发展，大数据信息化时代的来临，年轻一代消费者选择商品时，除了关注商品本身之外，还同时关注商品背后的故事、人物等，在整个消费过程中，消费场景成为刺激其产生购买欲望的核心因素。那么如何搭建新的消费场景呢？本节内容将从场景搭建技术与场景搭建类型两个方面展开介绍。

3.1.1　场景搭建技术

在第 2 章，我们讲到了新零售的技术变革，如移动互联网技术、物联网技术、人工智能技术、无人零售技术、大数据分析技术等，其中的物联网、大数据、AR/ VR、人工智能、3D 打印等技术多被用于新消费场景的搭建。

---

① 小米过去的"铁人三项"为硬件、软件、互联网。

② 坪效：每平方米的销售额，小米的坪效算法是"坪效 = 流量 × 转化率 × 客单价 × 复购率 / 面积"。

1．物联网技术的应用

新零售对门店提出了智能化要求，而物联网技术正是门店实现智能化的关键，如基于 RFID/ 近场通信（Near Field Communication，NFC）电子标签的货品追踪、货架传感器、室内定位、智能照明、智能安防、机器人等。从消费场景的搭建来看，物联网技术的应用主要体现在以下几个方面。

（1）商品运输位置跟踪

物联网与全球定位系统（Global Positioning System，GPS）相结合，能够实现精确跟踪商品位置的目的。如果物联网与传感器结合，就可以帮助门店跟踪商品在运输、仓储过程中的状况及外部环境的影响，如温度、交付时间等对质量的影响，能够帮助经销商、生产商等管控商品在途质量。

（2）信息个性化推送技术支持

门店可以利用物联网的地理围栏功能，通过蓝牙信标、RFID 电子标签、Wi-Fi 网络等技术，让消费者进入或离开设定的地理边界时能够触发位置特定的营销广告信息。

（3）为超市购物车分析提供数据基础

超市通过对购物车使用的数据分析，根据之前的结账和购物车中的商品类型来预测未来消费者的购买情况，利用购物车中的传感器、商品中的 RFID 标签、智能手机等技术，采集到消费者购买商品时的行为数据，如消费者从一类商品到另一类商品的移动数据等，在数据分析的基础上对超市或门店的布局进行优化。

（4）设备维护的预测

在零售门店中，许多设备需要定期维护和维修，在设备中植入物联网传感器，就可以帮助经营者监控到设备功能的微小变化，如通过监控冷藏单元的温度、功能的变化、环境变化对商品存储的影响，如果发现故障，就可及时安排维修，防止因设备故障造成较大损失。

2．大数据分析技术的应用

马云曾将大数据形象地比喻成新零售的石油，为新零售源源不断地输送能量。新零售与传统零售的一个较大区别就是新零售中消费者的整个消费过程可监控、数据可采集。在新消费场景的搭建中，大数据能够帮助商家更加精准地定位消费群体，主要体现在以下 3 个方面。

（1）深度挖掘消费者需求

无论是线上还是线下，消费者的每一次购物都会留下诸多痕迹，如浏览商品的时间、支付的方式、购物的时间等，尤其是门店，它的消费群体多为附近 3 ～ 5 千米的常住消费者，利用大数据积累，可以深挖消费者的需求。例如，盒马鲜生的各个门店上货品类不完全一样，入驻的餐饮品牌也各有不同，正是基于阿里巴巴的大数据分析，以最符合门店 3 千米范围内的消费者需求为导向进行选货与铺货。

（2）消费者精细化管理

精细化管理是大数据时代的产物。以前，商品经销商凭借自己的经验订货，往往会有滞销的商品出现，既占用了库存空间又耗费了资金；如今，经销商通过对消费者喜好、习惯、行为、消费频次、经济水平等分析，将消费者需求进行层级划分，如18～30岁群体需求、31～40岁群体需求、41～50岁群体需求、50岁以上群体需求等，经销商通过这种精细化的消费者管理选择需采购的商品，既降低了经营风险，又提高了消费者满意度。

（3）为消费者智能推荐商品

推荐算法应该是诸多电子商务平台的标配。例如，淘宝的智能推荐算法让消费者每个人打开手机淘宝时看到的商品是不一样的，这是因为淘宝平台基于消费者日常的浏览行为、购买行为等数据进行分析计算，得出每一位消费者的兴趣偏好，然后进行商品匹配，并为消费者推荐他们可能感兴趣的商品。

3．AR/VR技术的应用

AR/VR技术的概念在第2章中已提及，都是在现实基础上的虚拟仿真，其区别如表3-1所示。

表3-1　AR/VR技术的区别

技术	区别	应用
AR	将消费者置身于虚拟环境中，更强调身临其境的体验感，更趋于现实和理性	工作、培训
VR	将虚拟景象带入现实所处的环境之中，更加趋向于虚幻和感性	娱乐方向

4．人工智能技术的应用

第2章中，我们提到了人工智能在新零售的应用体现在智能导购、智能配送等方面，在搭建消费场景中，人工智能还多应用于智能供应链，如备货的自动预测、上架商品的智能筛选、分仓调拨的智能化等。

（1）备货的自动预测。商家通过对店铺历史销售记录、节假日及促销成交数据、商品使用周期及特性等数据的监控，利用人工智能算法，能够准确预测店铺中不同品类商品的销售情况，从而进行有针对性的备货，有效减少库存。

（2）上架商品的智能筛选。大数据让店铺的运营更加透明化，商家通过消费数据的分析，能够智能化地诊断当前商品结构，优化各品类的资源配置，对商品实现全生命周期的智能化管理。

（3）分仓调拨的智能化。企业应用收件地址的人工智能分析技术，将商品预先匹配到距离消费者最近的仓库，在提高时效性的同时，降低区域之间的调拨和区域内部仓库之间的调拨成本。

以苏宁"超级云仓"为例，"超级云仓"应用的是苏宁自主研发的定制化、系统化解决方案，让货物从入库、补货、分拣、分拨、出库等全流程，能够与大量的物流机器人系统配合作业，利用人工智能技术，让机器人适应不同作业场景，完成各种复杂的库内作业任务，在商品分拣、运输、出库等环节实现自动化。

5．3D打印技术的应用

3D 打印是利用光固化和纸层叠等技术的一种快速成型装置，以数字模型文件为基础，运用粉末状可黏合材料，通过逐层打印的方式构造出物体。该技术目前已经在珠宝、鞋类、工业设计、建筑、工程和施工、汽车、航空航天、牙科和医疗产业、教育等领域得到应用，关于 3D 打印技术的详细介绍及应用见第 5 章。

除了以上介绍的技术外，新消费场景搭建还可能用到更多新技术，如 5G 技术、新媒体技术等。总之，商家要基于消费者需求，借助不断涌现出的新技术，打造出集多种功能于一体的新场景，让消费者在享受购物的同时完成购物需求。

3.1.2　场景搭建类型

新零售是商家以消费者的需求为核心，洞察消费者的生活方式、消费心理，构建出更加符合目标消费者生活场景的店铺，如吃的场景、居家场景、社交场景、办公室场景、出行场景、户外场景、健身场景、健康场景等。

例如，无印良品模糊了商品界限，通过打造简约生活空间，用独立空间营造出生活场景，不仅为消费者提供高品质的商品，还与消费者在精神层面形成共鸣，从而促进所展示的家居商品的销售，如图 3-1 所示。

图3-1　无印良品场景化商品展示

其实，场景搭建就是以消费者为中心搭建其与商品的连接点及体验场，再现消费者的生活方式。在新零售场景中，连接有 3 层内涵，依次是消费者与商品的连接、消费者与商家的连接、消费者与消费者之间的连接。第一层解决的是信息不对称问题，商家通过新建的消费场景，可以清晰地向消费者传达商品的品牌、功能、质量、价格等信息；第二层解决了商家与消费者的互动问题，商家以专业导购的服务拉近与消费者的距离，同时还可通过商品故事激发消费者的情感，增强消费者的黏性；第三层解决了消费者之间的互动问题，引入社群运营机制，推动消费者在特定群体间的持续活跃和裂变，这种多对多的互动不仅能够增强消费者对商家的信任，还会形成某种特定商品的消费文化，促进消费者转变为粉丝，如小米之家的社群文化。

1. 场景感的不同表现

"场"就是场合，"景"就是情景，"场景感"就是指某种特定的场合、某个场景带给消费者的感受。例如，有场景感的商品，会成为爆款；有场景感的销售，能够快速实现商品动销；有场景感的广告，可以免费传播品牌。场景感在商品、渠道、销售、传播等方面有不同的表现。

（1）商品场景感

2019 年某部广受欢迎的电视剧带火了味全每日 C 的商品，尤其是"现男友""表白"瓶等商品，一度出现断货场景。在这部剧中有一个场景：男主角为了安慰女主角，想要在自动售货柜前买几瓶味全每日 C，但是售货柜只收取硬币，他没办法只好去前台换取，结果前台也没有多少，就发动全公司人一起帮着凑了 100 个硬币，将买好的饮料送进去，自己在"表白"瓶盖上写了"加油"两个字，如图 3-2、图 3-3 所示。

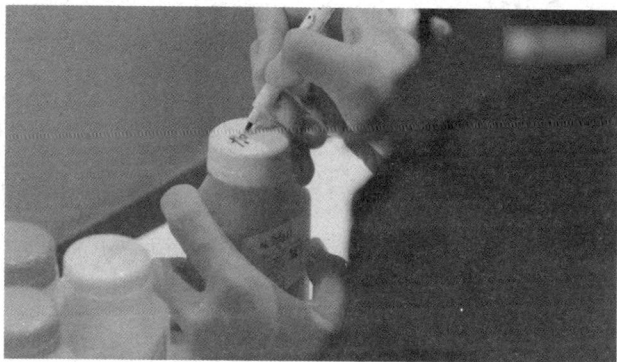

图3-2 某电视剧剧照1

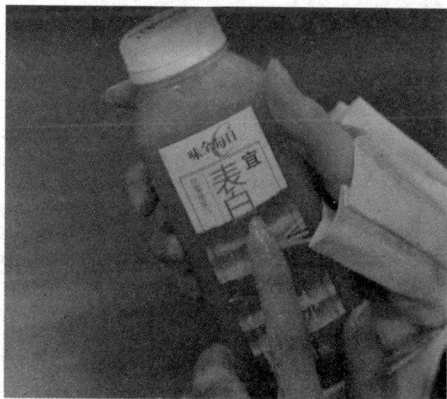

图3-3 某电视剧剧照2

通过味全每日 C 的案例，我们可以看到，商品场景化实则是商家对消费者进行细分，深挖他们的需求，通过传递某种特定的情感而让消费者接受该商品。

（2）销售场景感

销售场景感很容易理解，就是商家通过搭建使用场景进行体验式推销。例如，当消费者进入迪卡侬门店购买运动类商品时，就会联想到自己的使用场景，如投篮需要篮球、室内健身可能需要跑步机、户外旅行必备帐篷等。在迪卡侬门店里，商家会将篮球、护膝、护腕等与篮球相关的商品放在一起，并且在旁边搭建一个小型篮球场，可以让消费者选择商品时进行试用，如用篮球投篮等；在卖健身器材的区域会搭建一个小型室内健身房，让消费者可以自由体验跑步机、仰卧板、拳击沙袋、握力器、固定自行车等，如图 3-4 所示。

图3-4 迪卡侬场景化销售

以往门店销售多以导购推销形式向消费者介绍商品，商品的销量和导购的专业水平、职业素养等有很大的关系，而且很容易引起消费者的反感。相比而言，场景化销售的优势就十分明显了，它不仅能够为门店节约人员成本，还能提高消费者的体验感，通过场景体验刺激消费者产生购买行为。

（3）渠道场景感

渠道在零售行业中十分重要，在很大程度上决定了零售商品的销量。例如，味全每日 C 在线销售、迪卡侬门店销售是零售的不同渠道。

渠道的场景感营造，商家首先得明白消费者会通过什么渠道购买商品、商品可以通过怎样的渠道触达消费者。例如，达美乐比萨的众多门店曾经出现厨师短缺的问题。为了在最短时间内找到具有创新意识的厨师，该品牌特推出了一款"达美乐 Hero"的游戏 App，让消费者通过玩游戏去体验定制一款个性化比萨的乐趣。如果消费者在该游戏中取得了足够高的分数，达美乐就会通过 App 为其发来一个面试邀请。这种场景化的厨师招聘模式很快解决了门店厨师短缺的问题。

除此之外，达美乐为了实现消费者可以随时随地订购比萨的目标，布局了电视订购、车载语音订购、推特及 Facebook@ 达美乐订购、Apple Watch 在线下单等渠道，让消费者在不同场景下都能用触手可及的方式订购比萨，在很大程度上节约了时间和订购成本。

总之，渠道场景化是商家通过互联网、数字化等技术对零售行业赋能，让零售变得更便捷。

（4）传播场景感

传播场景感是基于大数据分析、个性化算法等技术，通过社会化媒体实现一定场景下的信息传输，在特定场景下，传播的品牌诉求将能在短时间内获得消费者的认同，甚至会与消费者的需求深度融合。

例如，在 2018 年 2 月，天文上出现了红月亮、蓝月亮现象，当大家都在翘首盼望着这一奇观的时候，在微信朋友圈出现了一个"你们盼望的蓝月亮来了"的主题图片，瞬间被大家以娱乐化的心态进行转载，形成了"刷屏级"的传播效果，如图 3-5 所示。

图3-5 "你们盼望的蓝月亮来了"主题图

2．构建场景感

在新型零售模式中，商家构建场景感需要以消费者的体验为中心，了解消费者的生活及工作场景，并对这些场景进行模拟复原，如购买场景、使用场景、工作场景、生活场景等，在场景中发现消费者痛点，发掘营销的机会。商家在构建场景时，需要遵从逻辑思考 4 个问题。

（1）商家应该干什么，以及能够为消费者提供什么服务

商家要明确场景存在的目的，反思在该场景下能为消费者提供的个性化体验有哪些。例如，汉堡王曾在"3·8 女王节"当天，在门店设计了一个红毯点餐的场景，当女性消费者从门口进入点餐区时走上设计好的红毯和 T 台，此时店里会播放红毯秀的背景音乐，

当消费者点完餐后，店里还会为她送上一顶纸做的王冠，让每一位平凡的女性在店里体验到被重视的感觉。

在汉堡王案例中，商家构建的是红毯点餐的场景，在该场景下，商家在门店里布置了红毯、T台、背景音乐、王冠等元素，为消费者提供享受汉堡的体验过程。

（2）商家采用什么方法解决消费者什么痛点

买过三只松鼠坚果的消费者应该会发现在购买的坚果成品包装盒中会收到三只松鼠赠送的剥壳器、湿巾纸、果壳袋等，这是商家通过对三只松鼠构建的团聚或者送礼场景下出现的痛点进行深挖后提供的解决办法。

无论是自己吃坚果还是请朋友吃坚果，都会出现剥坚果费事、果壳被乱扔、手容易脏的痛点，基于这些痛点，三只松鼠便采用为消费者提供剥壳器、湿巾纸、果壳袋赠品的方式，帮助消费者解决吃坚果时出现的问题，提升消费者的体验感。

（3）让消费者如何参与或选择

这个问题旨在解决场景与消费者连接的问题，即商家如何与消费者完成互动。在高铁候车室、飞机候机厅、商场公共场所，随处可见共享按摩椅，消费者在等待的过程中，通过投币或扫码支付的方式就可以享受到按摩服务。

再如前面提到的汉堡王"3·8女王节"的红毯点餐场景，就是让消费者从门口走到点餐台进行点餐从而体验到被重视的感觉。

（4）消费者在该场景下如何购买

对于该问题的解决，商家可以参考盒马鲜生的做法。盒马鲜生根据消费者的购买及使用场景构建的生鲜超市为消费者提供了多种购买方式与使用方法。如果消费者选择线上购买，门店会在30分钟内将商品送到门口；如果消费者选择进店购买，可在店内自助付款，然后选择是否在门店内烹饪，门店为消费者提供了西餐、中餐等多种烹制方法。

3.2 打通各交易平台

2019年天猫"双十一"当天实现了2684亿元交易额，并且"双十一"期间天猫在全国100+核心商圈、400+城市的智慧门店推出了超级红包、预约销售、愿望清单、淘礼金、会员专享、直播推广、短视频宣传、微淘互动、极速送达等玩法，提供了跨品牌会员服务，打通线上线下及物流，融合直播、社群、云平台、网店、门店等多种交易平台，为消费者提供了一个流畅的购物体验。

3.2.1 建立线上云平台

云平台也叫作云计算，是基于硬件资源和软件资源提供的一种计算、网络、存储能力，可以分为以数据存储为主的存储云平台、以数据处理为主的计算型云平台和计算与数据存储兼顾的综合云计算平台3种。通过租赁的形式，使用者或购买者将基础设施的投入资本转换为业务的运营成本，不需要将更多精力耗费在与主营业务无关的信息技术管理上。

　　线上云平台作为纽带，利用互联网＋物联网的方法让生产商、代理商、消费者之间能够联合在一起，在云平台上实现资源共享，促进彼此之间的交流互动。线上云平台应当具备以下功能。

1．有效传递信息

　　传统的线下销售，当商家举办周年庆、大促销等活动时，往往会通过派发传单、门店宣传、电梯广告等形式进行宣传，很多优惠信息无法及时精准地传送给消费者。通过云平台，商家可以通过一键式发布店铺的促销信息，基于大数据分析，促销能够精准到达消费者，实现信息传递的效益最大化。

2．为营销提供便利

　　商家会定期或不定期开展营销活动，如五一劳动节、十一国庆节、元旦等。商家可以通过云平台与其他门店或网店实现联动营销，甚至可以基于云平台的消费者行为分析开展跨界营销，充分发挥云平台的线上营销价值。

3．塑造店铺商家形象

　　在云平台上，商家除了公布促销信息外，还可以展示店铺形象等相关信息，如店铺介绍、消费者评价、新品宣传等。在提高消费者黏性的同时，让店铺在消费者心目中的形象更加立体化，如天猫商城，入驻商家都会有一个自己的店铺网站，这个网站可以独立存在，商家在网站内除了展示商品之外，还会展示一些活动、软文、企业资质等，每一个商品详情页面中都会展示商品购买信息、商品详情、累计评价等内容，如图3-6所示。

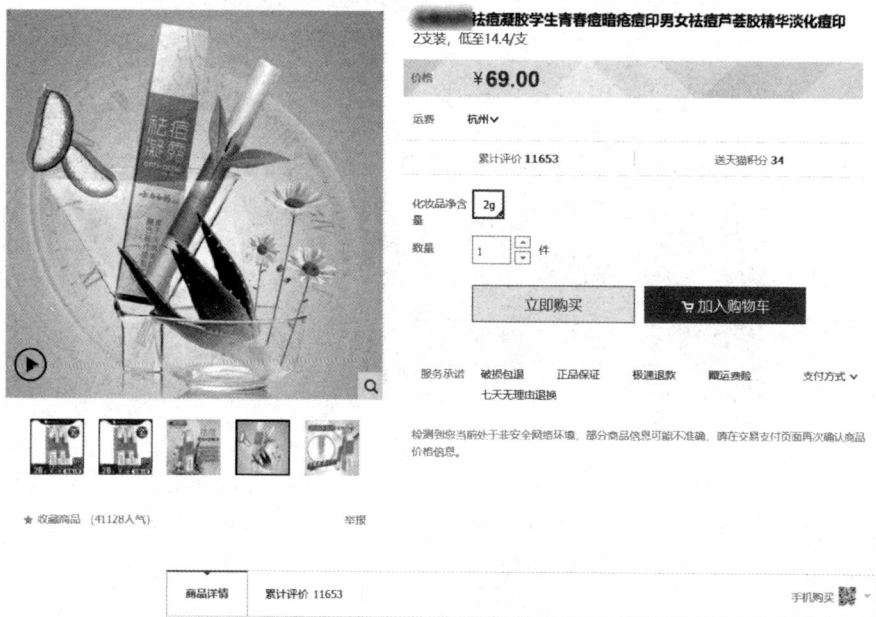

图3-6　某天猫店铺商品详情页

3.2.2 链接线下实体店

新零售的本质是线上线下融合发展，商家建立线上云平台，让品牌融入互联网基因，但也不能割裂线下实体店的发展，而要实现相互之间的流量转化。新零售已经不是原来简单的O2O形式，而是要让线上链接线下，把线下实体店重新定义为仓库，一个门店就是一个仓库，从而重构"人—货—场"的形式。

2019年6月18日，百草味首家线下门店"零食优选"在杭州开业，该店装修风格简单，没有采用散装称斤的传统售卖方式，而是选择与线上同样的一袋一袋包装好的形式销售。良品铺子、三只松鼠等零食巨头这几年也纷纷布局线下实体店，打造线上＋线下的经营模式。

线上云平台要链接线下实体店，一般有会员店和体验店两种方式。

（1）会员店

会员店的模式是商家将信息流、资金流部分或全部搬到电商平台上，借助平台获取更多消费者，但是却会选择由线下直营店或加盟店提供物流服务，将商品获取的利润按照约定分配给直营店或加盟店。这种模式的典型代表就是盒马鲜生，消费者第一次消费可以在任意门店，下载了盒马鲜生App之后就会被其纳入盒马鲜生的会员体系，然后换一家门店可以继续进行消费，并且享有会员权益，如图3-7所示。

图3-7 盒马鲜生会员店

会员店有一个很明显的特征就是线上线下的商品价格统一。例如，优衣库在门店中张贴了很多在线购物宣传，可以让消费者在线上下单，线下取货，在避免排队的同时为线上完成引流，实现线上线下协同作业。

（2）体验店

在第2章中，我们提到了三只松鼠线下投食店，这就是一种体验店模式。商家将资金流与物流全部搬到线上平台，线下体验店负责吸引流量、展示商品，打造消费者体验场景，改变以往以销售为主的营销模式。这种体验店还有很多，如天猫优品家电体验店（见图3-8）。

图3-8　天猫优品家电体验店

　　会员店的模式是从线上获取消费者之后反哺线下经营，而体验店的模式则是从线下获取消费者反哺线上经营。

　　线下实体店要与线上网店有效联动，就需要商家对传统实体店的经营思维进行变革。下面以实体服装店为例，详细阐述线下实体店应该如何变革才能更好地链接线上云平台。

　　（1）提高消费者的购衣体验

　　随着房租、人工投入的不断加大，很多服装店为了节约成本，不断减少服务，降低消费者在门店中的购衣体验。这种做法与当下新零售时代消费者对于线下实体店的需求背道而驰，所以很多人会选择线上买衣服，不仅方便，还节省了逛街的时间与精力，下单后商品还能直接被送到家门口。

　　（2）构建试衣体验店

　　线下实体店链接线上平台的方式主要有会员店与体验店两种形式，就服装行业而言，体验店更加适合消费者，很多服装品牌在门店内引入喝咖啡场景，消费者一边放松地聊天，一边试穿衣服；有的还在门店内引入"黑科技"，打造魔幻试衣间等，让消费者享受试衣带来的娱悦心情。

　　（3）建立实体店消费者数据库

　　在新零售运营模式中，线下实体店是展示商品、收集消费者信息的窗口，如果要做到精细化运营，商家就需要了解消费者的消费水平、消费习惯、兴趣爱好等信息，建立实体店消费者数据库就显得十分必要。

3.2.3　打通支付与物流体系

　　支付与物流是新零售后端的环节，在供应链链条上属于资金流与物流的范围，这两个环节的打通正是新零售高效运转的一大特征，当消费者在线上或线下完成订单支付之后，如果数据能够实时传输到物流端，则会大大提高物流时效，如图3-9所示。

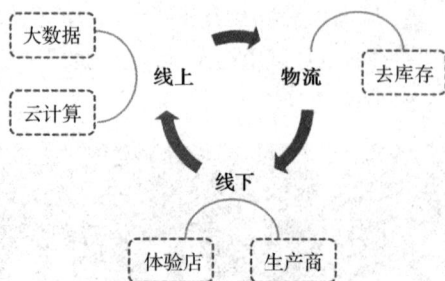

图3-9　支付与物流体系

在新零售模式中，整个支付过程可能只需几秒就能完成，这得益于数字化的支付方式。移动支付是当前应用较为普遍的一种支付方式，如支付宝、手机网银、微信支付、京东支付等。在此背景下，新零售就对物流提出了更高的要求。

（1）极速准时。新零售是以消费者体验为中心的，当消费者下单后，要求从原来的以"天"为单位的配送速度提升到以"小时""分钟"为单位的配送速度，如京东的当日达、次日达、隔日达等。

（2）合理调配运力。新零售追求的是零库存，门店选品、库存分配上也都会基于大数据进行预测，发货频次提升，且订单比较分散，物流商需要合理调度运力，节省成本的同时提高效率。

（3）数据高度融合。新零售是线上线下加物流的高度融合，首先要融合的就是数据，通过智能技术，供应链更加柔性化，实现数字化转型。

这些要求都在促使物流向智慧物流发展，物流商需要借助大数据、物联网等技术，实现硬件的升级迭代以及管理服务的提升。支付与物流体系打通，实则是消费者、商家与物流商之间的数据共享，让支付环节的信息能够以一个标准统一格式发送到物流端，物流端的信息能够实时更新到商家端与消费者端。

3.3　构建全渠道营销

新零售的运营是从消费者需求端出发的，商家运用最新的信息技术手段，对商品的生产、流通、销售过程进行优化升级，对线上服务、线下体验、渠道营销等进行深度融合，尽可能地让商品全渠道触达消费者。本节将从社区团购、线上营销、门店营销、供应链营销4个方面详细介绍如何构建全渠道营销。

3.3.1　社区团购

社区团购是商家基于真实居住环境的消费者开展的一种区域化、小众化、本地化的营销形式，流程十分简单：商家通过线上渠道发布团购活动，将团购活动通过大数据分析、地理定位等技术触达目标消费者，由其自发组织或发起，并以团的形式采购商品。

社区团购是基于社群空间开展的一种营销形式，多以微信、QQ、微博等社交平台为媒介进行交流沟通，从社区团购的形式来看，可以分为社区拼团和社区电商两种。

1．社区拼团

社区拼团其实是延续了早期小册子形式的团购模式，由一个关键人发起拼团邀请，这个关键人被称为"团长"，"团长"通过向周围的朋友推荐商品，几人成团直接向商家或者厂家订购某款商品，享受拼团的优惠，如包邮、减价等。

目前的社区拼团模式按照是否有门店可以分为纯线上和线下社区门店两种。纯线上的拼团模式是一种轻运作，借助微信社群、微信小程序等方式开展。线下社区门店则是一种重运作模式，需要基于线上营销手段进行，如比较常见的社区水果和海鲜拼团（见图3-10）。

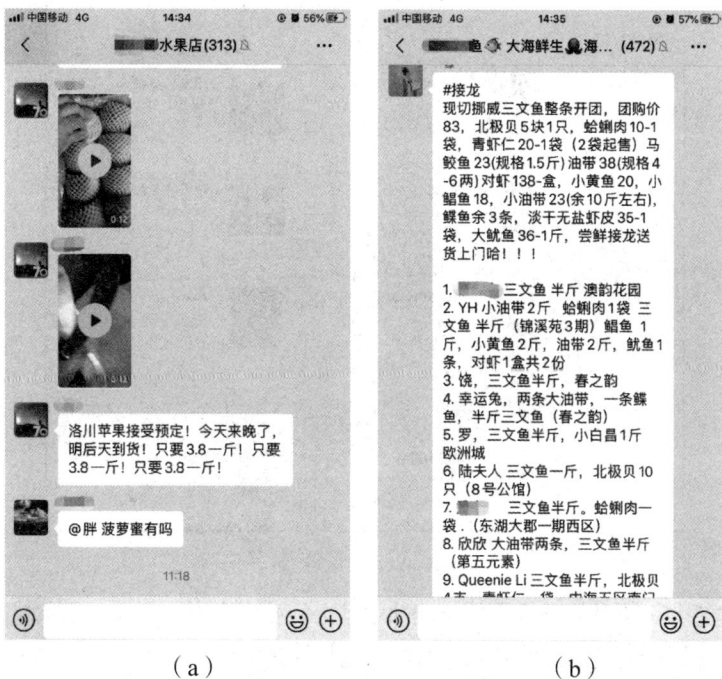

（a）　　　　　　　（b）

图3-10　社区水果和海鲜拼团

在社区拼团中，"团长"会定时推送拼团信息，成员看到信息后向"团长"提出拼团要求，"团长"汇总成员的拼团需求后统一下单，在商品送达"团长"手中后，"团长"再根据统计的拼团需求在自己负责的社区内完成交付和售后。

社区拼团的优缺点如表3-2所示。

表3-2　社区拼团的优缺点

优点	缺点
① 统一订购，商家只需要配送一个地址即可 ② 降低了商家的物流成本 ③ "团长"会因为采购的商品数量多而掌握议价权	① 售后服务无法保证 ② 品类相对单一，较难满足部分成员个性化需求

2．社区电商

社区电商是电商的一个分支，是将消费者细分后的一种零售模式，这里的社区既可以是前面提到的现实中的社区，也可以是以互联网为主的虚拟社区，如小米社区（见图3-11）、淘宝客社区等，将某种有共性的群体聚集在一起。

图3-11　小米社区

社区越垂直，成功开展电商的可能性就越大，社区里的成员就是电商的流量，社区的线上商品是根据消费者的需求来设置的，这是社区电商的最大优势。社区帮助解决了电商平台如何以低成本获取流量的问题。

不过社区电商的短板也十分明显，那就是成本问题。社区电商的成本包括人力成本、运维成本、营销成本等，其商品多是标准化快消品及大量低频消费的非标服务，这对平台的"造血"能力提出了考验，如果平台没有一个清晰的持续变现模式，其结果很可能将会是慢慢被市场淘汰。

3.3.2　线上营销

要构建全渠道营销，线上营销必不可少。在新零售领域，常见的线上营销方式有社群营销、内容营销、微信营销及其他营销。

1．社群营销

社群是组建一个以"你"为中心的组织，如家庭组织、同学组织、同事组织等；营销则是通过组建的组织锁定潜在消费者，将其转化为消费者的过程。由此可见，社群营销就是在社群基础之上开展的线上营销活动,从而产生社群经济。常见的社群分类如表3-3所示。

表3-3 常见的社群分类

社群	代表
商品型社群	小米
兴趣类社群	大众点评
品牌型社群	车友会
知识型社群	知乎、天涯
工具型社群	钉钉、微信、微博
交叉型社群	罗辑思维

创建社群十分容易，但是要运营好一个社群，持续创造价值，需要专业人员进行维护与运营，主要包含以下内容（见图3-12）。

（1）输出优质内容。在社群中，运营人员要基于群成员感兴趣的主题持续分享优质内容，保持群的活跃性，如定期邀请专家在群里面答疑解惑、分享专业知识及行业资讯等，如果群里面没有任何内容，那么这个社群就会沉寂下去，慢慢变成一个"僵尸"群。

（2）塑造社群领袖。一个社群中，会有内容创造者、评论者、搜集者、参与者、围观者、不活跃分子等角色，社群领袖是这些角色的黏合剂，让社群交流更有深度。

（3）建立管理规则。社群虽然是自由组织，但在群成员社群里面交流却要遵守一定的规则，运营人员要建立统一、严格的管理规则，为群成员交流创造一个健康、有序、和谐的氛围，如进群发红包、举行欢迎仪式等。

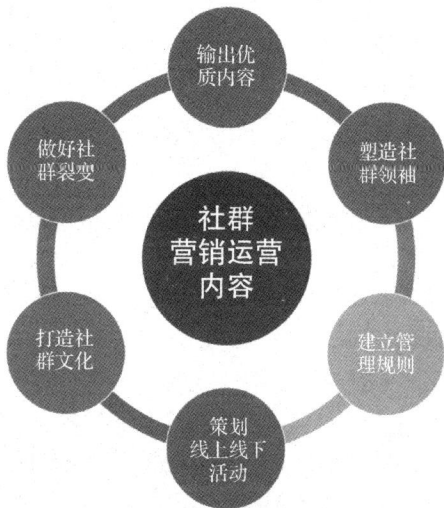

图3-12 维护与运营社群内容

（4）策划线上线下活动。活动能够提升社群活跃度，让群成员具有较强的参与感，如线上红包接龙、线下举办沙龙等，通过活动增进群成员之间的信任，加强关系链的沉淀。

（5）打造社群文化。如果一个社群让群成员感觉有意思、好玩，群成员就会长期活跃在社群里面，这就是社群文化，通过这些文化，群成员产生情感归宿和价值认同。

（6）做好社群裂变。群成员数量是有上限的，如微信群上限是500人、有的社群基于管理考虑会将群成员定为200人。当需要再创建一个社群时，并不是简单地重新创建社群，而是要将原社群中的管理团队、管理制度、社群文化、社群运营思维等进行复制。

2. 内容营销

内容营销是企业以图片、文字、动画等作为传播媒介，向消费者传递商品等有价值的信息，从而实现营销的目的。其所依附的载体多为宣传画册、企业网站、广告、包装等，在新媒体时代，内容营销又被赋予了新的形式，企业通过线上传递的任何营销性质的内容都被归到内容营销中。

（1）内容营销常见的表现形式

内容营销的表现形式很多，如软文、新闻稿、音频、博客、白皮书、动画、图片、短视频、直播、PPT、App、游戏等。

（2）内容营销常见的策略

① 热点性内容：某段时间内搜索量迅速提高，人气关注度高速攀升的内容。这些内容往往会冲上各大平台的话题榜或热点榜。

② 时效性内容：在某个特定时间段内具有高传播价值的内容，如新闻通稿。

③ 即时性内容：内容展现的是当下最新的人物和故事。

④ 持续性内容：内容的传播不受时效性限制，如行业内的干货分享、行业趋势报告等。

⑤ 方案性内容：方案性内容具有一定的逻辑性，符合营销性质的软文，如新零售智慧供应链解决方案。

⑥ 实战性内容：通过不断实践总结出来的经验分享，具有很高的指导价值，多为方法论。

⑦ 促销性内容：在特定时间内进行促销活动产生的营销内容，如波司登2019春装新款。

（3）内容营销的方向

内容营销以创作方式的不同划分为品牌生产内容（Brand Generated Content，BGC）、专业生产内容（Professionally Generated Content，PGC）、消费者生产内容（User Generated Content，UGC）3种。BGC以企业为核心，为消费者提供商品、品牌相关的信息，让消费者认可品牌的专业性；PGC是企业将内容创作的任务委托给代理或者专业内容方进行创作，为消费者提供更加广泛的营销内容；UGC是以消费者为核心进行内容创作。

这种内容营销的策略在直播及短视频营销中较为常见。

3. 微信营销

微信营销是社交网络发展下新兴的一种网络营销方式，是一种点到点的营销，打破了营销的时空限制。广义的微信营销指的是借助微信平台开展的线上营销活动，如微信公众号营销、朋友圈营销、社群营销等。微信营销常见的活动有集赞有奖（见图3-13）、任务宝、分销活动、测试/报告类活动、打卡活动、DIY类活动、集卡类活动、投票活动、砍价活动、拼团活动等。

（a）　　　　　　　　　　（b）

图3-13　集赞有奖

每种活动适用的对象不同，具体对比如表3-4所示。

表3-4　微信营销常见10种活动

活动类型	活动关键	适用对象
集赞有奖	集赞内容设计、集赞奖品、有奖门槛	新店开业
任务宝	活动曝光渠道、奖品吸引力	微信公众号"涨粉"
分销活动	覆盖人群、分销商品、返佣设置	售卖知识付费类商品、周边商品
测试/报告类活动	活动契机、活动操作、内容规划	增加品牌曝光
打卡活动	打卡机制、参与门槛	读书类/英语类账号、短期训练营类商品、App拉新促活
DIY类活动	操作难易度、活动趣味性	内容本身有趣、有强大的开发团队
集卡类活动	卡设计、参与机制	线下商品售卖、大型节日品牌曝光、老商品导流新商品、打造公司高知名度
投票活动	投票内容、投票奖品	全部适用，但容易被封号
砍价活动	砍价机制、砍价商品	商品拉新、新商品试用
拼团活动	拼团力度、拼团商品	电商行业、知识付费类

4．其他营销

新零售的线上营销方式还有微博、QQ、H5、直播、短视频等，企业可以根据自身特性建立线上媒体传播矩阵，各营销方式的特点及营销效果对比如表3-5所示。

表3-5　其他营销方式对比

营销方式	特点	营销效果
微博	见效快、门槛低、方式多样化、互动性强	容易产生病毒式营销效果
QQ	适用范围广、简单易操作	营销的同时还能维护消费者关系
H5	社交分享、快速传播、快速吸粉	能实现裂变式传播
直播	生动形象、宣传更立体	流量转化率高
短视频	内容碎片化、宣传娱乐化	高品牌曝光

3.3.3　门店营销

门店营销属于线下营销，是企业以门店为中心，针对流动消费者开展的营销活动。门店营销一般包括门店会员营销、门店活动营销及门店视觉营销3部分。

1．门店会员营销

前面提到线下实体店链接线上营销的一种普遍方式是会员店，每个门店为了留住消费者，都会推出不同的会员服务，如会员积分制、会员折扣制、会员预约制等。总体来说，无论是哪类零售门店，其会员营销基本上都是围绕会员关怀、会员营销、会员差异化服务、会员社群体系建设4个方面展开的。

（1）会员关怀

门店建立了会员制度之后，需要对会员建立详细的关怀体系，这是一个门店保障会员持久消费的前提，当会员在门店获取较好的会员服务之后，就会对门店消费形成习惯和依赖。对于会员关怀，门店可以根据不同的会员等级提供有差别化的服务，如表3-6所示。

表3-6　会员级别及关怀服务

会员级别	提供的服务
新会员	基本会员服务，如免费办会员卡、会员积分、生日关怀等
活跃会员	会员折扣服务，如积分兑换、折上折优惠、会员特价、优先推荐等
VIP会员	至尊体验服务，如新品试用、线下优选、提前预约、极速退款、电话回访等

（2）会员营销

会员营销虽然在营销效果上不是十分凸显，但这种最常规的营销方式是一个门店最保险的营销手段，门店在投入上不是很大，而且消费者基本上是接受的，其活动流程一般分为活动前、活动倒计时、活动中、活动后 4 个阶段，门店在每个阶段所需做的工作及营销的目的如表 3-7 所示。

表 3-7　普通会员营销的活动流程

活动阶段	会员营销	营销目的
活动前	信息通知、邮件预告、优惠券发放	会员的广而告之
活动倒计时	信息提醒、优惠提醒、优惠券持有提醒	告知会及时做好消费准备
活动中	活动情况实时告知	激发会员进行二次宣传
活动后	活动总结，售后回访等	收集会员消费意见、优化会员服务

（3）会员差异化服务

门店对不同层级的会员采用不同的营销方式，从而促进其向更深一层转化，针对不同层级的会员可以通过提供差异化的服务，让会员享受到差异化服务，从而对门店产生持续性的消费依赖。

① 新会员。针对新会员，门店可以通过对低客单群体和高客单群体的不同需求，采用不同的服务，如低客单的新会员往往会对价格刺激更加敏感，可以为其多提供一些商品折扣活动；高客单的新会员对新品及商品质量等感兴趣，可以为其多开展一些新品推荐类的活动。

② 活跃会员及忠诚会员。这两类会员对于门店来说都是具有高黏性的会员，门店需要花较大精力来维护。例如，针对活跃会员，门店可以加强活动提醒的方式，通过多种渠道触达会员，并不断为其创造出更多消费需求；针对忠诚会员，门店需要建立会员积分制度，通过不断的激励性营销刺激其消费。

③ 粉丝会员。粉丝会员大多是基于某个事件或者名人、活动等的影响而加入门店或品牌的消费群体行列中的，如受某个影视剧或者某个代言人的影响，他们对门店商品具有较高的新鲜感，门店在此时可多提供一些个性化、一对一、特权类的活动，满足粉丝会员的好奇心。

（4）会员社群体系建设

会员社群可以保障会员价值的不断输出，也能够帮助门店以较好的体验维护好会员，门店根据不同的等级建立不同会员社群，通过社群能够让每一次活动较快地触达消费者。

① 借助微信、微博、QQ 等社交平台建立会员社群，让高级会员在社群中担任相关管理员，为其分配管理权限。

② 举办的一些线下活动，在与会员互动的同时，加深与会员之间的情感联系，以此产生口碑效应。例如，某个服装品牌举办会员日，在会员日当天凡是进店会员都能够享受买一送一活动，同时享受双倍积分等。

③ 为线上线下会员举办一些交流互动活动，实现线上线下相互引流的效果，如美食达人见面会、"厨神"挑战赛等。

④ 以适当的激励措施，鼓励会员发送验证码邀请好友注册消费，在扩大会员社群的同时形成口碑传播效应。

2．门店活动营销

门店活动营销主要包括 6 个核心步骤，如图 3-14 所示。

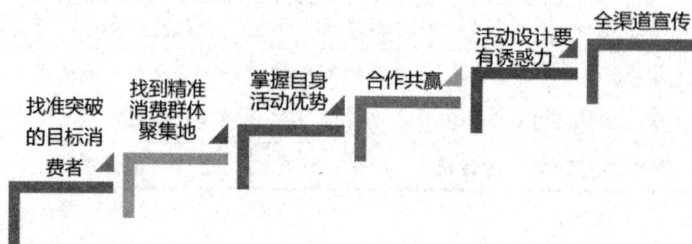

图3-14　门店活动营销步骤

（1）找准突破的目标消费者

很多门店经营者在开展促销活动时容易进入一个误区，那就是希望一场活动能够让所有消费者参与其中，这种面面俱到的方案往往会让活动的效果大打折扣。门店经营者应当抛弃这种一网打尽的活动营销思维，找准一类目标消费群体，对其痛点及需求进行分析，然后再有针对性地策划活动。

（2）找到精准消费群体聚集地

找到目标消费群体后，需要找到这类群体的分布密集区域，如某运动设备门店需要找到热爱运动并且具有较高消费能力的消费者，而这类消费者通常会注重身体锻炼，所以健身房应该会有这些消费者的相关信息（如居住区域、经常去的场所）。

（3）掌握自身活动优势

在活动策划时，需要有效整合自身资源，尽可能地充分利用自身的资源及优势。例如，商品具有哪些特点、门店积累了哪些核心资源、与同行相比门店的竞争优势是什么等。

（4）合作共赢

在第 2 步中，找到了目标消费群体的聚集地，可以与这些拥有目标消费群体的平台进行合作，用自己的商品及核心资源等优势以利益共绑的方式实现共赢。例如，售卖运动设备的门店与某健身房合作，为其开通定制款设备，或者为某健身房会员开通折上折优惠等。

（5）活动设计要有诱惑力

每个活动的开展都是借由一定的契机。例如，情人节促销，"为爱人送最贴心的关怀"；母亲节促销，"用最好的爱关心妈妈"等。选对了契机之后，还要选定具有诱惑力的活动商品，让消费者有足够的动力来门店参加活动，如运动设备门店设计出某健身房的会员凭借实名制会员卡，就可以到门店领取一份价值 180 元的礼物。

（6）全渠道宣传

门店经营者设计好活动方案之后，活动从开始到结束的整个过程，都需要进行全渠道宣传，尤其是在活动开始之前，可借助自媒体、灯箱广告、社群通知等方式，尽可能多地覆盖到精准消费者，而不仅仅是局限于门店内的宣传。

3．门店视觉营销

视觉营销是通过视觉达到商品营销、品牌推广目的的一种营销方法，更是一种营销的可视化呈现，以视觉冲突或者审美视觉感官来提升消费者的兴趣，传达品牌文化，从而激发出消费者的潜在购买欲望，实现营销的目的。

我们在逛街时会一眼识别出星巴克的门店，尤其是标志性的双尾美人鱼 Logo，在众多门店中总能脱颖而出。星巴克门店的装潢用色和图腾等方面能够结合当地建筑的特点，融入自己的设计风格，给所有消费者一种建筑美，消费者在店里面喝咖啡，可以在欣赏建筑风格的同时慢慢度过一些时间，产生一种美的享受。图 3-15 所示为苏州平江路上的星巴克门店。

图3-15　苏州平江路上的星巴克门店

店里有统一着装的星巴克工作人员为消费者提供点单、下单、制作等服务，并且收银员一定要让消费者拿着小票，在这个小票上不仅会有星巴克的 Logo，还有商品信息，更有 App 下载二维码等营销信息。结合以往去星巴克的体验，我们可以发现，门店的视觉营销主要体现在以下几个方面。

（1）门店导购人员

门店导购人员是消费者进入门店后接触的第一个人，他们的综合素质、仪表、举止等因素在很大程度上决定了门店在消费者心中的印象，门店应该注重导购人员的岗前培训，尤其是服装门店、化妆品门店等，要求所有导购人员必须化淡妆、着统一服装等。

（2）门店的地理位置和装修

门店是消费者对品牌的第一印象，包括门店的地理位置、面积、店面设计风格等。例如，大型服装品牌 ZARA、H&M 等门店基本上会开在大型商场或者人流量十分大的地段，店面整体设计风格多以配合欧美风系服装为主。

（3）门店商品陈列

如果消费者进入一家门店，发现商品杂乱堆放，消费者第一反应是这是一个商超卖场，对商品品牌及质量的印象不会太好；相反，如果消费者进入一家门店，发现门店商品陈列很有规律，如女装区、男装区、童装区等划分明确，每一种服装的搭配都可以是对消费者的一次精细划分。这种有条不紊的商品陈列不仅能够让消费者快速找到自己想要的商品，还能在购物过程中体验到门店的良好管理。

（4）门店服务

门店服务是门店附加值的体现。例如，服装店为消费者准备了点心、咖啡、糖果、杂志等，让消费者在门店中享受到购物的乐趣，这是门店一种软性营销，而在杂志、糖果等方面可以承载品牌 Logo、价值等视觉设计。

（5）门店营造的环境

门店不仅是商品的售卖场，更是消费者体验商品的场所，门店营造出的环境将直接关系到消费者对商品体验感。例如，在咖啡馆，每个桌上会摆着鲜花，而整个咖啡馆会放着舒缓的音乐，消费者在里面既可以谈事情，也可以自己看书，还可以办公等。

总而言之，门店营销既要考虑到商品的销量问题，还需要考虑到消费者的体验，更应该将线上线下互动设计添加到活动方案中。

3.3.4 供应链营销

供应链营销则是以满足消费者需求为宗旨，从生产到研发再到运输的整个过程的全方位、全流程的一种互动活动，主要包括企业与消费者建立良好的关系，为其提供个性化服务；异业结盟，为消费者提供协同服务；供应链实现消费者定制化生产需求；实现数字化、信息化管理等。

从供应链环节来看，供应链营销应该包括商品采购、物流配送、服务商管理3个方面。

1. 商品采购

商品采购是企业根据制定的销售目标，充分了解市场消费者需求，根据自身经营能力通过合适的采购策略和方法，以等价交换的形式取得所需商品的过程。采购过程一般要遵循一定的原则，包括以需定进、勤进快销、以进促销、存储保销。新零售时代，消费者需求个性化、购买渠道多样化，已经由卖方市场转变为买方市场，消费者成为主导，采购需要以消费者需求为前提。

2. 物流配送

新零售下的物流是一种即时物流，以门店作为物流的一个支撑点，利用店仓一体化形式为消费者提供"急速"和"准时"的服务，目前这种物流服务，以同城、小件领域为切口，拓展到了生鲜、商超配送领域，最后逐步扩展到更广泛的末端配送服务中。在供应链营销环节，物流配送承担的营销任务就是品牌理念、形象、服务的延伸。例如，消费者在买东西的时候为什么会优先选择京东物流，首先是京东物流庞大的配送网络可以延伸到三四线城市甚至是农村，其次是京东物流送货上门的良好服务态度能够给消费者好的收货体验，最后是京东物流的配送时效很快，可以实现当日达、次日达等。

3．服务商管理

供应链端的服务商体系十分庞大，涉及各个环节，如财务、采购、仓储、运输、配送等，每个环节都会涉及服务商的管理，如果没有一个良好的管理机制，那么各个环节的信息会因无法共享而形成资源的浪费。一般很多企业的服务商管理是采用企业管理解决方案（System Applications and Products，SAP）、企业资源计划（Enterprise Resource Planing，ERP）等软件系统建立服务商管理系统的。如果管理好服务商，与服务商建立良好的利益共享模式，在商品运作、推广等方面就能取得事半功倍的效果。

3.4 打造消费者新体验

随着互联网技术在新零售各个领域的深入应用，市场上出现了很多科技玩法，如无人便利店、AR 装修、VR 试衣间等，企业在打造新场景的同时注重消费新体验，让消费者不再以购买商品为主，而是享受购物体验过程所带来的新奇与趣味。接下来，我们将从互动体验、购物流程两个方面来讲解如何打造消费者新体验。

3.4.1 增强互动体验

新零售最大的特点是以消费者为中心，一切场景的设计都需要考虑到消费者的参与感受，尤其是互动体验感受，这将在很大程度上决定场景打造的成功与否。

中国邮政储蓄银行是传统的商业银行，在互联网金融的影响下，传统的商业在银行在经营理念、营销策略、运营模式等都开始进行革新。深圳分行在此背景下积极寻求革新，运用共享思维打造了一个集商户互动、权益回馈、财富管理等多项服务于一体的新零售体验中心，在该中心，咖啡、书吧、游戏等服务一应俱全，将原本单一金融业务为主的银行网点打造为时尚轻松的服务点，如图 3-16 所示。

图3-16 中国邮政储蓄银行深圳分行新零售体验中心

为了打造互动体验式场景，深圳分行将1 000平方米的营业场所分为了金融服务体验区、水饮场景服务区、财富管理中心3个区域。在金融服务体验区，以自主化办理业务终端为主，大大缩短了客户办理业务的时间；在水饮场景服务区，只要是银行客户，就能够免费在此休息，同时还能获得一杯现做的饮料；财富管理中心作为创新网点的一区，为初创企业提供路演发布场地，小微企业客户可以在场内进行免费的路演和发布，大大节约了企业的运行成本。据悉，该新零售体验中心于2019年2月1日正式营业，两个月内到访网点的客户增加了5倍，引流效果明显。从开户的情况来看，之前每周开户数不满15个，网点改造后，每周开户人数近百个。

通过该案例，我们不难看出互动体验最明显的特征便是娱乐性强、产品体验性高，消费者在互动过程中感受商品的使用功能、品牌的内在文化，从而增强消费者与品牌之间的黏性，形成好的口碑。那么企业如何让新构建的消费场景能够更有效地利用消费者的参与式互动行为实现传播效果呢？需要注意以下3点。

1．有效培养种子消费者

在新零售时代，谁掌握了流量，谁就拥有了销售的法宝，企业要想让更多消费者参与到互动体验中来，就需要尽可能多地吸引种子消费者参与。在信息时代，获取种子消费者的方式更加便捷，可以通过社群、线上报名、线下体验等方式及时收集消费者最真实的信息及数据。

在寻找种子消费者过程中，挑选的标准要和目标消费群体相符合。在互动体验中，通过收集这些种子消费者的想法、建议等互动方式来完善商品、完善活动，实现种子消费者的价值。

2．让种子消费者参与到产品的开发过程

当开发新商品时，在早期测试阶段，让目标消费者参与评判、挑选、命名等环节，以双向形式实现互动的价值。例如，小米在开发插线板之前会收集庞大的"米粉"建议，了解他们希望一个插线板能够实现什么功能，然后汇总"米粉"建议进行商品研发，最终推出了既有插孔又有USB接口的插线板，如图3-17所示。

图3-17　小米插线板

3．善于激励分享

让消费者参与分享传播，实现品牌的裂变式传播效果，以某个题材、某个商品、某个功能为媒介，如果消费者愿意将其分享到朋友圈或者推荐给几个朋友，就能够得到不同比例的奖励或优惠。

3.4.2 一体化购物流程

购物流程是消费者下订单的流程，由于线上和线下消费场景不同，因此消费者的购物流程也会有所差异。

图 3-18 所示为线上购物流程。以淘宝网为例，当消费者进入网站后，平台会提醒登录账号，如果已经是会员，直接输入账号密码登录，如果不是会员，则需要先注册账号，开通会员。登录淘宝网站后，就可以选购商品，将心仪的商品放入购物车；确认订单无误后直接向结算中心提交订单，通过支付宝绑定银行卡等方式完成在线支付；支付成功后，等待商家发货、物流配送；收到商品之后拆货验收，如果满意就进行购买评价并结束此次购物过程，如果不满意，则与商家协商退换货处理，执行售后服务环节。

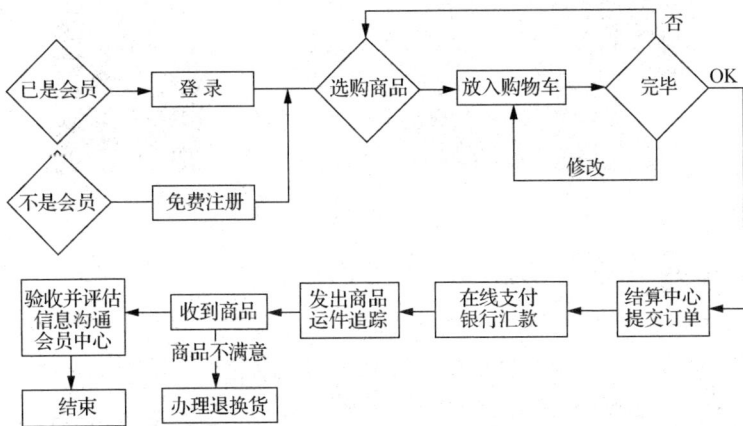

图3-18 线上购物流程

线下购物流程一般是这样的：消费者进入门店浏览商品或者由导购推荐商品，然后试用商品并做出是否购买的决定，如果决定购买就带着商品到收银台付款买单，收银员会询问是否为会员，如果是会员就报出会员号或者手机号，完成此次消费积分。

在新零售的背景下，商家需要打造一体化购物模式，让消费者实现随时随地随心购物，需要注意以下几点要求。

1．下单方式多样化

随着购物渠道的多样化，商家也应该提供多样化的下单方式，如线上 App 下单、线下门店下单、微信小程序下单、微信群下单等。

2．支付方式多样化

随着移动支付技术在新零售领域的应用，消费者基本上都会采用手机支付，但商家也应该考虑到不太会用智能手机的消费者，在支付方面尽可能地为消费者提供多种选择，如微信支付、支付宝支付、刷卡支付、现金支付等。

3．支付过程简单化

当下人们的时间越来越碎片化，很多人不愿意将时间花费在等待、排队等事情上，线上与线下门店应该有效联动，让消费者的购物过程变得更加简单，消费者只需要几次点击就能完成。例如，肯德基门店投放了大量的自主点餐机，消费者可以不用排队，自己随机选择商品并下单，这个过程可能只需 1 分钟左右，如图 3-19 所示。

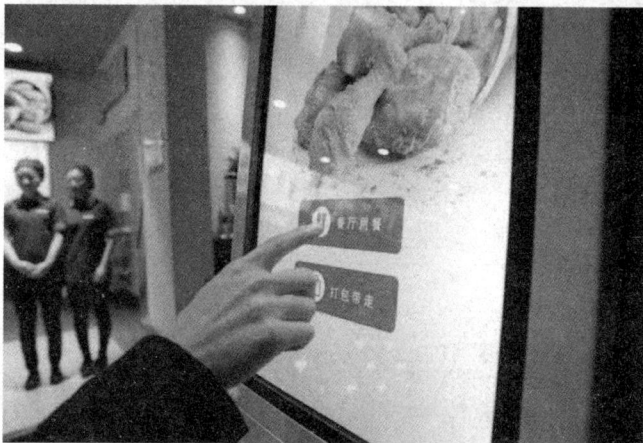

图3-19　肯德基自助点餐

3.5　营造智慧型物流

近年来，以物联网、大数据、人工智能、云计算等为代表的新技术不断被应用到物流领域，推动了传统物流向智慧型物流转型升级，如无人仓库作业、自动化分拣、机器人配送等，在提高我国物流行业整体服务水平、降低服务成本、降低资源消耗等方面效果显著。"互联网＋物流"的智慧型产业链正在逐渐形成，其中最重要的环节仓储和配送表现较为明显。

3.5.1　智慧仓储

物流一般包括仓储、运输、配送等环节。所谓智慧仓储，就是企业为了降低仓储成本、提高仓储管理能力，将信息技术、物联网技术、机电一体化技术等应用到仓储领域，实现作业自动化、智能化。2019 年 6 月 5 日，京东物流启用亚洲电商物流领域规模最大的智能物流仓群，全国 23 座亚洲一号智能物流中心投入运营。其中，京东自主研发的"地狼" AGV 机器人可以自动搬运整组货架，省去了人工拣货和搬运的麻烦。在行驶过程中，机器人可以自动规划路线、排队、躲避障碍物，如图 3-20 所示。

图3-20　京东自主研发的"地狼"AGV机器人

企业要实现仓储作业智能化，主要应用到的技术及原理如表 3-8 所示。

表 3-8　智能仓储技术及原理

主要技术	技术应用原理
RFID	利用超高频的 RFID 系统雷达反射原理的自动识别系统，能够对静止或移动物体进行自动识别，读写出电子标签的内容
AGV[①]	小车上装备有电磁或者光学等自动导引装置，能够沿着规定的导引路径行驶，实现无人搬运作业
机器人堆码垛	借助物流码垛顺序、排列设定器等技术，将不同外形尺寸的包装货物整齐地、自动地码（或拆）在托盘上
立体化仓库	采用几层、十几层甚至是几十层高的货架，由货架、巷道式堆垛起重机、入（出）库工作台和自动运进（出）及操作控制系统组成的自动化物流搬运、出库、入库作业的仓库
WMS[②]系统	通过入库作业、出库作业、仓库调拨、库存调拨、虚仓管理等功能，综合批次管理、物料对应、库存盘点、质检管理、虚仓管理、即时库存管理等功能运用，实现仓储信息化管理
WCS[③]系统	是仓储管理系统与物流设备之间的中间环节，协调、调度底层的各种物流设备，使其执行仓储系统按照业务流程发布的作业任务，并完全按照程序预先设定的流程执行

3.5.2　智慧配送

2018 年 6 月 18 日，京东在店庆之日正式启动了无人车配送货物的首次尝试。20 余

① AGV：自动导引运输车（Automated Guided Vehicle，AGV），通常也称作 AGV 小车。
② WMS：仓储管理系统（Warehouse Management System，WMS）。
③ WCS：仓储控制系统（Warehouse Control System，WCS）。

台小巧的无人车取代了行色匆匆的快递小哥，似乎预示着无人配送时代的到来。为了确保安全，京东无人车配备了雷达和传感器以便进行360°环境监测，不仅不会撞上来往车辆、行人，还能自动识别交通信号灯。为了提高效率，京东无人车配备了人脸识别系统。即将到达目的地之前，系统自动给消费者发送取件信息，消费者通过人脸识别或手动输入取货码进行提货，如图3-21所示。

图3-21 京东无人车

除了京东，美团也于2018年推出了无人配送车"小袋"，如图3-22所示。高精度的算法配合精心设计的车辆底盘、传动系统、内容结构和照明系统，"小袋"可以在复杂路况下自动躲避障碍物并自动规划路线，在室内外多场景下更加灵活地实现配送外卖商品的任务。据悉，美团无人配送车已开始在雄安新区市民服务中心试运营。消费者可以在美团App上找到美团无人配送（MEITOAN AUTONOMOUS DELIVERY，MAD）雄安市民中心店进行下单。外卖骑手会与"小袋"接力，将物品快速地送到消费者手中。这辆小车没人控制，可以自己等红绿灯、拐弯，还会避让行人。

图3-22 美团无人配送车"小袋"

另外，为了适应新零售发展需求而兴起的众包配送模式是一种第三方配送模式，该模式基于物联网平台，整合社会上闲散的配送运力，由各类商家发布订单配送需求，加入平台的配送员抢单后进行配送，每配送成功一单就会得到相应的报酬，如京东到家、达达、人人快递、美团外卖等。

京东到家上线的"众包物流"模式，利用消费者抢单形式，整合社会上闲散运力，助力配送服务。在该模式中，只要年满 18 周岁、拥有一部智能手机和移动网络，就可能参与到京东众包兼职配送员的行列里来，经过培训后，就可以在 App 中正式抢单了。

结合京东到家的众包配送模式，对比自营配送模式、第三方配送模式，我们对其优缺点进行了总结，如表 3-9 所示。

表 3-9　3 种配送模式的优缺点总结

配送模式	优点	缺点
自营配送	配送服务质量可管控	运营成本较高
第三方配送	节省配送人力成本	合作商服务水平参差不齐
众包配送	有效整合社会运力	配送员整体水平难以把控

3.6　完善数据中台

数据是新零售的"能源"，为新零售不断赋能；"中台"一词最早是由阿里巴巴在 2015 年提出的"大中台、小前台"战略中延伸出来的一个概念；数据中台基于大数据基础提供数据分析能力，帮助企业从数据中学习改进、调整方向、制定策略等。一个企业要完善数据中台，需要从用户数据和供应链物流数据两个方面着手。

3.6.1　用户数据中台

整个零售行业构建企业中台已经成为其组织结构改革的一个方向。2019 年，腾讯宣布要打造具有腾讯特色的技术中台，百度调整架构指向了 To B 的技术中台。在此背景下，基于用户全生命周期的数据构建的用户数据中台将会成为企业转型升级的一个重要方面。

用户数据中台主要维护用户信息和用户行为两类数据，如图 3-23 所示。

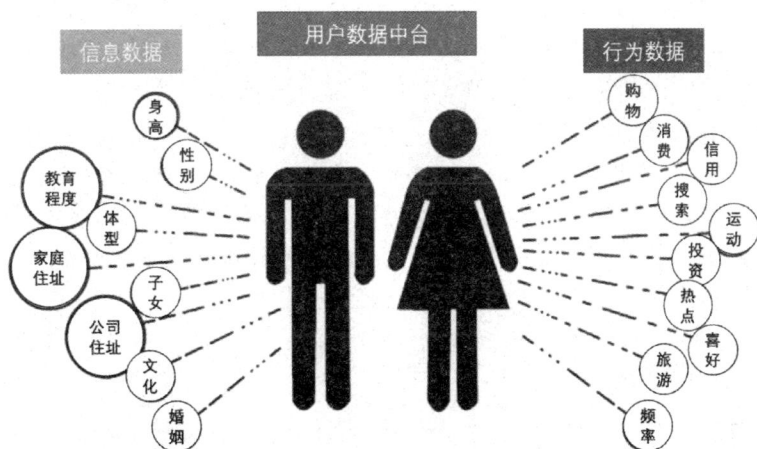

图3-23　用户数据中台

83

1．用户信息数据

用户信息数据属于用户画像中的静态数据，是用户相对稳定的信息，包括人口属性、商业属性等方面，如性别、年龄、地域、商圈、职业、婚姻状况、消费等级、消费周期等，这些数据有很多种收集途径，如线下调研、线上问卷、平台注册、活动等级等，企业收集到的数据越详细、数据基数越大，刻画出来的用户画像就会越精准。

但是，收集用户信息数据需要遵循相关法律，《中华人民共和国网络安全法》第四十一条明确规定，"网络运营者收集、使用个人信息，应当遵循合法、正当、必要的原则，公开收集、使用规则，明示收集、使用信息的目的、方式和范围，并经被收集者同意。网络运营者不得收集与其提供的服务无关的个人信息，不得违反法律、行政法规的规定和双方的约定收集、使用个人信息，并应当依照法律、行政法规的规定和与用户的约定，处理其保存的个人信息。"

企业在收集、使用用户信息数据时不能越过法律红线，要将用户的隐私保护放在首位。完善用户信息数据，则需要通过拓宽数据来源（如将移动 App、线下门店、电子商务平台等渠道的会员管理体系对接到数据中台）使用户信息数据能够实时同步。

2．用户行为数据

用户行为数据属于用户画像中的动态数据，是用户不断变化的行为信息，包括购物、消费、浏览、搜索、点赞、购买、收藏等方面的数据，如淘宝的生意参谋平台，从流量、交易等维度将收集到的用户行为数据进行分析，最终以图表或者折线图的形式输出给商家。

完善用户行为数据，重点在于数据的使用和挖掘方面，通过运用科学的数据分析方法，经过理论指导，揭示用户行为的内在规律，常用的用户行为分析方法有行为事件分析、页面点击分析、用户行为路径分析、漏斗模型分析、用户健康度分析等。

（1）行为事件分析

这种分析方法主要用于研究某种行为事件对商品及品牌的影响情况，如查看商品活动页的渗透率，分析页面用户平均使用时长、页面用户的跳出率等，所涉及的数据指标根据商品特性基于事件进行筛选，但基本上要涵盖业务所需的全部数据指标。

（2）页面点击分析

该分析常被应用于显示页面区域中不同元素点击密度的分析，评估用户与商品交互的深层关系，分析对比用户在页面的密集度、页面被浏览次数等。这种分析方法适用于首页、活动页、商品详情页等有复杂交互关系的页面分析，以可视化热力图、固定埋点等形式输出。

这种分析方法所涉及的数据指标包括浏览次数、浏览人数、页面内点击次数、页面内点击人数、点击人数占比等。

（3）用户行为路径分析

用户行为路径分析旨在针对用户现存路径进行分析，为优化路径提供决策依据，常被应用于确定商品从访问到转化的各个流程分析，涉及的数据指标包括全链路页面浏览次数与浏览人数、路径流转等。

（4）漏斗模型分析

漏斗模型主要是衡量从开始到最终转化整个流程中每一个转化步骤的转化率，所涉及的数据指标有转化周期、转化率等，多应用于提升整体购买转化率的应用场景。

（5）用户健康度分析

用户健康度是用户行为数据综合分析的核心指标，展示的是商品运营情况，包括商品基础指标、流量质量指标、商品营收指标三大类型，多被应用于预测未来发展趋势。

3.6.2　供应链物流数据中台

供应链物流数据是数据中台的另一个重要部分，以物流活动为核心，协调供应链的各个环节，供应链物流数据主要涉及商品组货、智慧门店、供应商运营3个方面。

1．商品组货

商品组货是将两种以上的品类或类目商品以平衡、协调、统一的原则进行组合，表现在供应链端就是将能够同一批次运输的商品进行整车运输，或者是在收件途中将一条路线的商品安排同一辆车以合理时间进行运输等；表现在配送端则是根据配送路径组合配送的商品。

供应链物流数据中台可通过大数据分析、地理位置分析等技术将对接到的物流数据进行分析，有效组合运力，把沿途中需要运输的同类订单进行整合，合理规划车队司机的运输路线，在保证运输量的情况下缩短运输时间。

商品组货的标准可以视业务情况而定，可以按照时效进行组合，也可以按照地域进行组合，还可以按照商品特性进行整合。

2．智慧门店

在新零售时代，各种新兴科技应用到了线下实体店，为消费者打造各种新奇的体验场景，方便消费者购物的同时也让购物过程变得更加具有趣味性，如提供24小时无人值守零售便利店的缤纷果子、布局"前置仓"实现急速配送的每日优鲜、通过原始设计厂商（Original Design Manufacturer，ODM）模式打造高性价比商品的网易严选等。与传统门店相比，智慧门店的智慧主要体现在以下两个方面。

（1）智能设备应用。智慧门店引入以新科技研发的智能设备（如VR魔镜试衣、测试肌肤）为消费者提供更舒适的消费场景。2019年3月，快乐柠檬在上海日月光中心推出了首家无人智慧奶茶门店，门店中展示了一个名叫"雷萌1号"制茶机器人，消费者在App扫码点单后，机器人接到订单会独立完成选料、搅拌、封口等一系列流程，整个过程只需要90秒，如图3-24所示。

（2）运营数字化。智慧门店借助智能技术将线下门店升级为线上线下无缝对接的数字化门店，打通多个营销场景，通过全渠道获客方式将门店转变为消费者体验的场所。门店通过"智慧云货架""智能互动屏"等智能场景提升消费者购物体验，记录用户行为大数据，调整门店的营销策略。

（a）　　　　　　　　　　　　　　（b）

图3-24　快乐柠檬智慧门店和制茶机器人

3．供应商运营

供应商运营包含对象识别、成本评估、特性分析、计划执行、成果评估等环节，企业在管理供应商的过程中，建立供应商的数据，使其对接到数据中台，以闭环的形式打造出自己的商业生态圈。

一般，企业的供应商管理都有着自己的供应商管理系统，如SAP、ERP等，要完善供应链物流数据中台，就需要实现供应商管理系统与企业数据中台的无缝对接，让供应商系统中的数据自动上传或者同步到供应链物流数据中台。

3.7 重构供应链体系

供应链是企业实现新零售转型的一个重要环节，传统的供应链体系无法满足新零售的"及时"响应要求。例如，针对"双十一"产生的大量用户订单，企业如何快速、高效地进行处理，这背后依赖整个供应链的高效协同，需要对供应链业务流程和供应链智能化两方面进行重构。

3.7.1　供应链业务流程重构

供应链业务流程重构是企业基于现有的供应链业务流程对内部业务流程进行改造，整合企业间相互关联的流程，提高供应链的整体运作效率，缩短供应链响应时间，增强企业供应链核心竞争力的过程。

1．供应链业务流程重构的特点

供应链业务流程重构具有整体目标、交互合作、信息对称、协商机制等特点。

（1）整体目标

供应链业务流程的重构以最终消费者为导向，兼顾企业的各个环节所要达成的目标，实现整体规划目的的同时补齐短板，提升核心竞争力。

（2）交互合作

供应链业务流程的重构是为了打破传统供应链中信息孤岛的现象，有效协调链条上下游的各个主体，使其能够紧密合作，实现共赢。

（3）信息对称

正如前面所提到的，打破信息孤岛，让供应链条上各个主体、各个环节之间的信息能够实时共享，减少信息误差。

（4）协商机制

重构的供应链应该是双向性质的，重构的重点在于减少企业与供应链条其他主体之间的冲突，减少冗长业务环节，提高解决问题的效率。

2．供应链业务流程重构的方法

（1）全新流程设计法

全新流程设计即企业推翻现有流程，通过对现有流程进行深度思考与研究之后，基于新开展的业务流转需要，从零开始设计商品和服务的业务流转流程。这种设计方法的缺点就是运作风险较高，需要投入的人力、资金等成本过高，且失败率很高。

（2）系统化流程改造

这种方式是以供应链原流程为出发点，企业通过消除、简化、整合原有流程中的一些环节，加入新元素，如自动化设备等，设计出新的业务流程。企业采用这种方法需要一个较长的改造周期，比全新流程设计法风险小，员工可以在改造的过程中快速适应。

对于以上两种重构供应链业务流程的方法，企业需要根据自己的实际情况，综合考虑业务、绩效、供应商等多个环节进行选择。

3.7.2　供应链智能化重构

重构供应链体系的另一个方面就是对供应链进行智能化升级。智能化供应链是结合物联网技术和现代供应链管理的方法、技术，在企业之间构建的网络化、可视化、自动化、智能化的集合式管理，其重点是供应链链条上各参与者在信息流、物流、资金流等方面的无缝对接，从根本上解决供应链效率问题。

1．智能化供应链特点

与传统供应链相比，智能化供应链具备全局为主、以消费者为中心、供应链效益为主、协同性强、可视化、智能化等特点。

（1）全局为主：智能化供应链不再以某一个企业利益为中心，而是通过重构或者优化提升整个链条上的整体效益。

（2）以消费者为中心：智能化供应链不再单纯地以订单为主提供商品，更是更加注重消费者的满意度。

（3）供应链效益为主：准时制的生产方式要求供应链更加精益化，在满足商品流转的同时更加强调供应链自身的增值服务，提升供应链的核心竞争力。

（4）协同性强：以消费者需求拉动，做出相对应的生产计划、物料需求计划、配送计划。

（5）可视化：供应链条上订单的整个执行过程通过信息化手段实现全程可视化，企业能够随时随地监控供应链条上的运行情况，能够对异常情况进行监控。

（6）智能化：供应链的智能化体现在多个方面，如仓储、运输及物流作业的智能化、信息采集与分析的自动化、销售预测的精准化等，最终帮助企业实现总成本最优、交付最快、质量最优的运营目的。

2．智能化供应链具备的基本功能

（1）预测备货

企业整个供应链条的起点是进行需求预测，需要在数据层进行数据收集、整理、分析，包括用户行为数据、商品销售数据、活动促销信息等；在算法方面，需要在构建供应链系统时融入时间序列算法、机器学习算法等，从商品预测、价格预测等方面预测备货。

（2）补货调拨

补货调拨是供应链条上库存领域的一个重要环节，企业需要进行动态库存布局、转运／越库作业、预售／爆款下沉等操作，补货调拨的效率将大大提升订单的响应速度。

（3）仓配一体化作业

仓配一体化作业涉及预约配送、主动接单、订单生成调控、仓内智能操作、运配计划等操作。智能化供应链要提高订单的响应效率，就需要在这些环节上提升作业时效，加快仓库与配送信息之间的反馈时间，让订单流转实现一体化管理。

（4）协同作业

智能化供应链解决了传统供应链时代各商家之间自成体系、各自作业的现象，通过一盘货管理、ERP 订单系统、商家仓系统等方式实现协同作业。

第4章

新零售数据赋能

通过阅读本章内容，你将：

- 了解新零售数据赋能基础知识；
- 掌握新零售的3种数据类型；
- 掌握新零售数据的四大应用场景。

思维导图

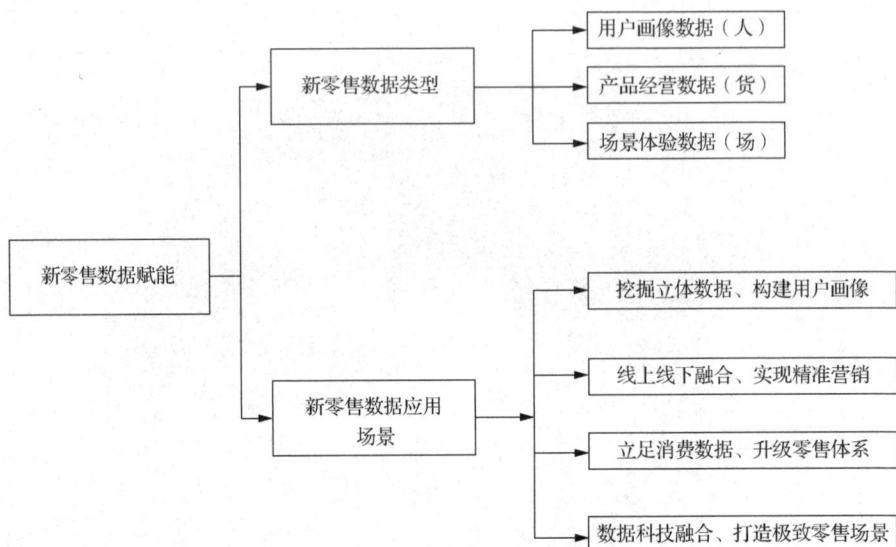

案例引入

　　2017 年的京东"双十一"全球好物节，很多人都被京东小哥的"快"惊呆了，甚至京东物流被央视《经济半小时》称为"中国速度"。1271 亿元累计下单金额，2.4 亿个订单，其中最快的一笔订单从消费者下单到快递员敲响消费者的家门只用了 7 分钟。7 分钟，不可能吧？出库都来不及，其实这就是数据的魔力。京东通过大数据，分析各片区主流单品的销售需求，预测到这栋楼里可能会有人买这部手机。在这个消费者下单前，商品就已经提前运输配送到该区域站点，放在离他更近的地方。当消费者下单后，快递员马上配送，所以只花了 7 分钟。

　　每年的"双十一"都是一场物流的"阅兵式"，菜鸟网络 CEO 董文红这样描述"双十一"物流配送大战："双十一"物流背后，其实是一场数据的战争，是数据的指挥枢纽。董文红没有夸大其词，依靠强大的数据系统，在"双十一"前 3 个月，菜鸟网络就准确地预测每家快递公司在全国每条线路上的包裹量，帮助快递公司做到"兵马未动，粮草先行"。

　　开动脑筋：

　　1. 如何通过大数据实现互联网的跨度性和线下的即得性兼得？

　　2. 企业如何借助数据来更好地服务消费者？

4.1　新零售数据类型

马云将新零售定义为"以用户体验为中心的数据驱动的泛零售形态"，基于大数据挖掘精准定位用户，以分众市场区隔受众群，从产品品质、设计、文化价值、购买体验等环节入手，满足用户的需求，优化零售流程中的用户全局体验，这是新零售的重要趋势。

零售的本质是把最终消费的人和货链接在一起的"场"。不管技术与商业模式经历多少次变革，零售的基本要素都离不开"人""货""场"这 3 个字。19 世纪的西尔斯和20 世纪的沃尔玛都大幅度提高了其所处时代"人、货、场"的效率，是更高效率的零售，是那个时代的新零售。怎样才能利用新技术提升 21 世纪的零售效率呢？阿里巴巴 CEO 张勇对新零售的解释是"用大数据赋能，进行人、货、场的重构"。数据是新零售的"能源"，在全新的零售革命下，谁的数据赋能强，谁就能获得这次变革的关键筹码。

围绕"人""货""场"，新零售的数据类型主要有3 种：用户画像数据、产品经营数据和场景体验数据，如图 4-1 所示。

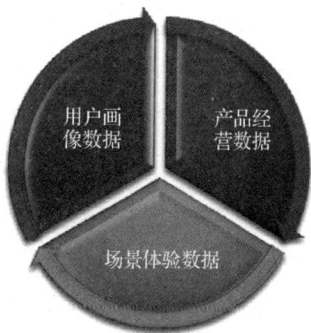

图4-1　新零售数据类型

4.1.1　用户画像数据（人）

1. 用户画像定义

大数据时代，精准把控用户需求有一个最佳途径——用户画像。那么，什么是用户画像呢？我们先来看一个常见的用户画像例子，如图 4-2 所示。在这个用户画像中，我们看到有用户的年龄、性别、学历、婚姻状况等基本信息和工作信息，还有用户的一些特点和目标，感觉很完善了。假设一个用户处于无房无车的状态，作为一个卖车的商家，基于该用户画像可以帮他推荐适合的车，从而实现精准营销。交互设计之父阿兰·库伯最早提出用户画像的概念，在他看来，"用户画像是真实用户的虚拟代表，是建立在一系列真实数据之上的目标用户模型"。简单来讲，即商家通过对用户各方面信息与数据的收集，将之整合为一个具有独特气质和鲜明个性的画像。

用户画像是一种用来勾画目标用户诉求与设计方向的有效工具，在各领域得到了广泛的应用。在大数据时代背景下，用户信息充斥在网络中，商家将用户的每个具体信息抽象成标签，利用这些标签将用户形象具体化，从而为用户提供有针对性的服务。

通过用户画像精准把控用户需求的例子很多。"今日头条"打破了传统的被动式阅读，由填鸭式的"编辑为王"的信息流时代转变为个性化的"用户为王"的数据流时代。"网易云音乐"打破了传统音乐播放工具的桎梏，由单一地提供"播放音乐的工具"变为"释放用户情感"的载体。用户画像数据可以从 6 个维度进行分析，如图 4-3 所示。

（a）　　　　　　　　　　　（b）

图4-2　常见用户画像例子

（1）地域。地域指用户所在的地理位置，不同地域有不同文化、不同方言、不同习俗，这对运营风格都有影响。

（2）性别。性别的不同对于新媒体运营也有很大的影响，用户中男女比例对于公众号的运营有非常大的参考价值，有些文案可以触及女性心底，但男性却对之无感。公众号运营定位要吸引不同性别的人，文章风格也必然要根据用户的性别做调整。

（3）收入。如果服务对象无法承受商品／服务的价格，那么再好的文案也无用。例如，很难说服一个月薪只有3000元的用户参加一个2000元的付费社群。

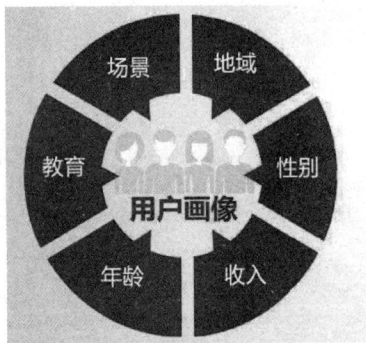

图4-3　用户画像数据的6个维度

（4）年龄。每个年龄段的用户所关心的内容是不一样的，"60后"在关心养生，"70后"在关心时事，"80后"在关心职场，"90后"在关心互联网等，如果你不了解用户到底关心什么，那么用户是不会与你产生交集的。

（5）教育。受教育程度不同的群体中流行的文化、风格、形式都会有所不同，一般来说受教育程度越高的用户，对内容越挑剔。

（6）场景。产品使用场景是需要重点研究的领域，过去多用于研究App用户，如使用时间、使用频率、使用时长、有无分享、有无付费行为等。

2．用户画像在三大模式下的区别

传统零售模式缺乏精准的目标消费群体定位，目标用户画像非常模糊。线下门店受时间和经营空间的限制，无法随时随地满足用户的消费需求。

传统电商模式无法为用户提供面对面的直接体验，用户下单和收货中间有一个时间差，也可能导致用户有不良的体验。

在新零售模式下，商家通过大数据、云计算、物联网对用户数据深度挖掘和分析，精确用户画像、洞察用户需求，进行图像、人脸识别，跟踪用户行为、收集用户数据，从而做到个性化推荐，实现精准营销。

新零售以用户体验为中心，经营模式的核心是人。以小米为例，很多传统零售人并不看好小米的发展模式，因为小米手机商品利润太低，难以支撑其商业模式。而从新零售的观点来看，小米的商业逻辑是成立的，资本市场也已经获得认可。小米通过手机建立与用户的关系，高性价比手机获得用户口碑；经营用户才是盈利的关键点，所以小米能推出非手机商品（如充电宝、插座、电视、平板电脑等），而且能获得高销量，如图4-4和图4-5所示。

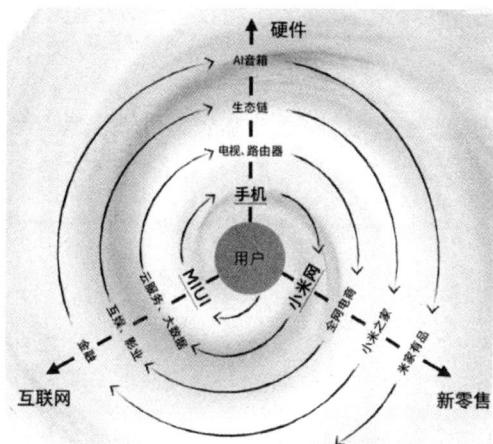

图4-4 以用户为核心的小米商业模式

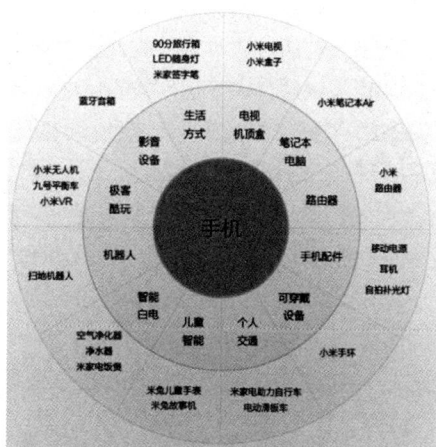

图4-5 小米新零售生态链

在"产品为王"的卖方市场中，用户往往只能被动接受。卖方市场的局面必然会将用户体验的因素放在次要的位置。时至今日，随着市场竞争的不断加大，以及各种资源的不断涌入，无论是在传统零售快消、连锁店，还是在目前移动互联网时代的互联网产品，崇尚"用户至上、体验为王"的互联网经济已使市场的天平更多地倾向了用户。"用户主权、用户体验"是新零售的典型特征。用户行为在供应链上的每一个环节都具有逆向传导作用，因此对用户进行研究是很有必要的。

基于丰富而庞大的用户画像体系，商品能够在提升用户体验上做到精确、快速、高效。新零售商品最不缺的就是数据，而传统的零售商品最缺的就是数据。零售行业产出的数据与用户层面相隔太远，商家无法做到精确、快速、高效地获取用户需求，了解用户意愿，甚至洞悉用户愿望的目的。在新零售的最新市场风向与格局下，对传统零售模式的转型升级，搭建针对零售快消场景下的"立体"用户画像显得尤为必要。

3. 用户画像的演变过程

用户画像的整个演变过程分为传统用户画像、数据用户画像、立体用户画像，如图4-6所示。

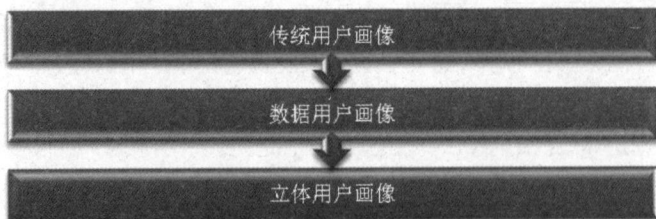

图4-6　用户画像的演变过程

（1）传统用户画像（定性阶段的用户画像），主要指的是产品设计、运营人员从用户群体中抽象出来的典型用户。这一类用户画像更偏向于定性分析，本质上是用来阐述用户需求产生原因的方法。通常情况下，随着产品功能的不断迭代及真实用户数据的不断涌入，仅仅通过这种定性的评估很难贴近用户实际需求，并难以细致地构建用户模型。虚构的用户画像往往不是真实的目标群体，而是一个臆想的理想化个体。

（2）数据用户画像（动态阶段的用户画像），是指基于产品积累的用户行为数据获取的用户画像，结果更加真实准确，其特点为动态性。多维度数据主要用于用户标签的搭建，标签化的定量用户画像为产品实现用户增长、提升变现力、增强用户留存与黏性等方面起到了巨大的作用，为产品极大地赋能。

（3）立体用户画像（三维度用户画像），包含用户、时间、地理三维度，是目前为止对用户群体最多维度、最全角度、最高准确度的用户画像体系，如图4-7所示。它为传统的用户画像提供了更加真实的场景信息验证，同时丰富了数据来源，提升了论证结果的真实性。

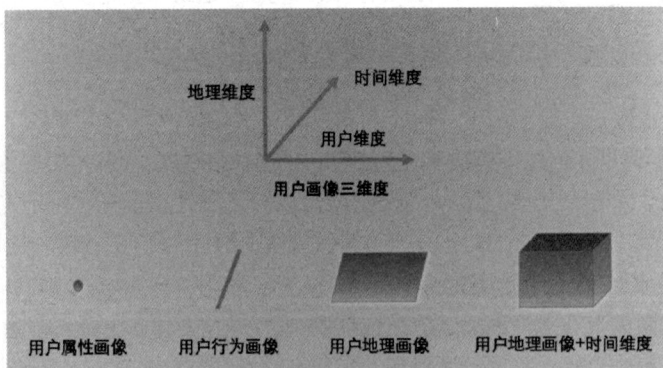

图4-7　立体用户画像维度

其中，用户属性画像是单一用户在用户维度下的画像，处于用户维度上的一个点；用户行为画像是单一用户在时间维度下的行为信息画像，加上了时间维度，由点扩展为线；用户地理画像是单一用户在地理维度下基于用户行为的信息画像，由线扩展为面；用户地理画像＋时间维度是单一用户在一定时间周期内的地理画像，包含了用户属性与行为、时间、地理位置三维度，由面扩展为体。

那么立体用户画像是如何为新零售赋能的呢？商家可以借助相关大数据平台，从用户、时间和地理维度勾画出立体用户画像，如为无人零售超市的运营提供支撑。对于目前的相关数据平台企业来说，较有实力的企业是百度、阿里巴巴、腾讯，各自都有着基于位置的服务（Location Based Services，LBS）产品，即百度地图、高德地图、腾讯地图，对建立的立体用户画像更有说服力。另外，百度拥有海量的用户搜索行为数据，腾讯拥有海量的用户社交行为数据，阿里巴巴拥有海量的用户消费行为数据，在各个领域均有各自数据的优势。

以百度慧眼为例，商家利用百度慧眼可以对重点区域的实时人口、工作人口、职住关系、人群画像、区域热度、热度趋势等数据维度进行分析。

立体用户画像能够为新零售带来颠覆传统的大数据辅助决策方案，而不是各级上下游服务商通过各种定性的分析结果来做决策判断。基于 LBS 的立体用户画像能够为商家节约大量的人力与财力成本，并且使门店选址、用户兴趣点判断、推广方案制定等工作变得更加科学而高效。

4.1.2　产品经营数据（货）

你在"双十一"买过东西吗？你有没有在"双十一"之前，提前把要买的商品放入购物车，然后等"双十一"零点零分准点下单？你想过为什么阿里巴巴强烈建议你先把商品放入购物车吗？根据用户购物车中的商品数据，阿里巴巴就可以预测到人们会买哪些东西以及送到哪里去，这些数据基本八九不离十。最终目的是利用这些数据赋能物流和仓储。商家通过高效的物流和仓储体系，提前把商品送到离你最近的仓库，从而实现商品的高效配送。

2019 年 11 月 12 日零点刚过，2019 天猫"双十一"全天成交额为 2684 亿元，如图 4-8 所示，超过去年的 2135 亿元，再次创下新纪录。菜鸟物流报告显示，从签收时间看，2013 年"双十一"签收一亿包裹用了 9 天，2014 年用了 6 天，2015 年用了 4 天，2016 年用了 3.5 天，进一步提速，2017 年仅用 2.8 天，2018 年缩短到 2.6 天，2019 年仅用了 8 小时。

图4-8　2019年天猫"双十一"全天成交额

传统零售模式下，商品的结构与品类组合简单，商品和服务同质化严重。传统电商模式下，商品展示与用户体验之间依然存在很大落差，单单依靠传统的商品展示显然已经无法满足用户购买商品的需要。新零售模式下，个性化的用户体验是未来的主战场。新零售可以通过产品经营数据来带动销售。下面我们就通过两个案例来了解一下。

1．小米之家基于产品经营数据的销售逻辑

（1）爆品战略

过去的小米之家开在写字楼里，只有用户知道才会去，人少，没流量。现在的小米之家为了获得自然流量，会选在核心商圈，对标快时尚品牌。小米之家负责人张剑慧说："现在小米之家主要选在一二线城市核心商圈的购物中心，优先和知名地产商合作，如万达、华润等"。小米一直有一个极致单品的逻辑，叫作爆品战略。虽然看起来有很多产品，但是每个品类小米都只有几款产品，如箱子就两三款、雨伞就1款，其他公司可能会做几百款。爆品战略带来两个好处。首先，企业可以在单件产品上倾注更多的心血，所以设计感、品质都有机会做得更好。一件设计感更好的商品，本身就能带来更高转化率，也被称为"静销力"，商品静静地放在那儿，用户就忍不住买了。其次，爆品带来的巨大销量必然会带来供应链成本的降低，导致价格尽可能便宜。一件品质很好又很便宜的商品当然更能造成巨大的转化率。因为爆品战略，这些过去只被少数电商用户享受的优质低价商品，现在摆在了更广大的线下用户面前。

（2）精准选品

线下门店面积有限，因此需要对销售的产品进行选择，哪类产品好卖，小米就卖哪类产品。但是哪类产品好卖呢？小米已经做了几年的电商，可以根据之前积累的互联网数据来选品。例如，线下门店可以优先选择线上被验证过的畅销产品，如小米6手机、手环、电饭煲等。如果是新品，可以根据用户口碑和评论来观察和选择。

此外，还可以根据大数据来安排不同地域小米之家的选品，并且统一调度。例如，在线上，河南用户购买小米电饭煲的特别多，那么河南小米之家铺货的时候一定会选择电饭煲。另外，线下不好卖的商品可以在线上卖，线上不好卖的商品可以在线下卖。例如，很多人没有接触过平衡车，只是在网上看照片，比较难下决心买，但是小米把平衡车放在线下，用户可以摸一摸、试一试，发现这东西挺有趣的，反而更有可能购买。这就是利用了线下的体验性优势，真正实现了线上和线下打通。这种大数据带来的精准选品、销售畅销品、销售当地受欢迎的产品等，大大提高了用户的转化率。

（3）零售全渠道

小米把零售全渠道从上到下分为3层，分别是小米有品、小米商城和小米之家，如图4-9～图4-11所示。

小米有品和小米商城是线上电商，拥有更多的商品。小米有品主要包括众筹和爆品，小米商城主要是小米自己和生态链的产品。线下的小米之家有一个重要的工作，就是从线下往线上引流，向用户介绍更丰富的小米产品。用户在小米之家购买商品时，店员会引导用户在手机上安装小米商城App，这样用户如果喜欢小米的商品，下次购买就可以通过手机完成，而且在小米商城里，用户可以在更全的品类中进行挑选。通过打通线上线下，用户在店内立刻就能拿到爆品，享受了体验性和即得性。如果是店内没有的商品，用户也可以通过扫码在网上购买。这样一个到店一次的用户就会成为小米的会员，有机会成为小米真正的粉丝，产生惊人的复购率。

图4-9　小米有品

图4-10　小米商城

图4-11　小米之家陈列的商品组合

2．盒马鲜生产品数据的收集和分析

盒马鲜生是阿里巴巴对线下超市完全重构的新零售模式探索，盒马鲜生既是超市，也是餐饮店，同时又是菜市场。用户可到店购买，也可以在盒马鲜生App下单，如图4-12和图4-13所示。盒马鲜生最大的特点就是快速配送，门店附近3千米范围内30分钟即可送货上门。

图4-12　盒马鲜生加工区　　　　　　　　图4-13　盒马鲜生App

阿里巴巴为盒马鲜生的用户提供会员服务，可以让用户使用淘宝或支付宝账户直接登录。不管用户是在线下门店购买还是线上 App 购买，盒马鲜生后台数据中台都将记录消费数据，除了能够掌握用户的年龄、性别等，还能掌握用户购买的商品类别、商品数量、购买频次、购买时间、购买偏好、购买后的评价数据等。盒马鲜生通过分析这些数据可以及时掌握各门店需要补货的产品、补货的时间、补货的数量等，再加上配送时的算法优化，就能够保证把适销的商品及时送到门店。

4.1.3　场景体验数据（场）

传统零售模式下，只有线下实体的"场"，而缺少线上虚拟的"场"。线下门店受时间和经营空间的限制，经营成本过高，效率低下，发展空间必然受限。传统电商模式下，获客成本增加，电商的线上流量红利见顶。新零售模式下，消费场景变得越来越多元化并更加自然地被植入日常生活中，用户由过去特定场景（如商场）消费过渡到场景多元化、时间碎片化的消费场景。新零售模式下，用数据赋能，提升"场"的效率。新零售场景体验数据主要包括线下场景数据和线上场景数据两类数据。

1．线上场景数据

以金融业为例，目前金融机构正在积极将场景融入金融服务，推动线上零售智慧转型。2019 年，中国农业银行宁波市分行大力推动互联网、大数据、人工智能和实体经济深度融合，着力打造"智慧+"场景金融服务模式，致力于为用户提供无缝无界的便捷金融服务。截至 2019 年 6 月底，仅"智慧食堂"项目就已在 33 家企事业单位上线，惠及人员超 6 万人，如图 4-14 所示。此外，中国农业银行宁波市分行还积极对接衣食住行等各类生活消费类场景，以生态融合的方式，推进智慧校园、智慧政务、智慧食堂、智慧民生、智慧停车等场景建设及推广工作，推动金融服务与生活服务、商业服务无缝连接，实现批量高效的"获客、活客、留客"。下一步，中国农业银行宁波市分行将进一步推动金融生态图谱系统建设，为用户提供融入生产生活的场景服务，着力打造触手可及、敏捷开放的智慧银行。

其他银行也在纷纷布局线上场景,如中国邮政储蓄银行开发的"邮储食堂",如图4-15所示,自在手机银行和微信公众号全面上线以来,用户只要使用中国邮政储蓄银行金融产品,满足条件成为会员后即可享受20余万种商品低价直供优惠。

图4-14 象山县妇幼保健院职工使用
"智慧食堂"

图4-15 中国邮政储蓄银行开发的
"邮储食堂"

通过线上应用场景,商家可以掌握用户的各类消费数据,包括年龄、性别、产品购买、产品偏好、搜索行为、物流、产品评价等数据。

2.线下场景数据

以无人便利店为例,amazongo、TakeGo、便利蜂、小e微店(见图4-16和图4-17)等,既能够让用户感受到"即拿即走"的购物体验,又能够通过图像识别技术、传感器融合技术、生物识别等人工智能技术,在用户无察觉情况下记录下用户的所有消费数据和购物行为,包括到店人次、店内选购商品行为等均会进行全链路数据监测,并对用户产品偏好、品牌辐射能力和品牌间相关性进行研究,最终将这些数据应用到用户维护和供应链优化上。

(a)

(b)

图4-16 amazongo、TakeGo无人便利店

（a）

（b）

图4-17　便利蜂、小e微店无人便利店

4.2　新零售数据应用场景

4.2.1　挖掘立体数据、构建用户画像

在以大数据和互联网为依托的新零售中，"人"成了最重要的关键因素。在大数据时代，对商家来说，最大的优势就是用户的消费行为将透明化，商家今后专注的焦点在于如何借助大数据手段为可视、可控的用户进行画像，以挖掘用户潜在的需求信息和潜藏的商业价值。这也是新零售的核心诉求，无限接近用户内心需求，商家在任何场景下都能智能化地推送用户所需要的商品和服务。

商家通过收集的线上线下的用户数据，就可以对用户的个体概况、消费能力、消费习惯、消费喜好、消费内容、消费层次、消费渠道、消费频率等进行多维度的建模，获取每一个用户的画像。构建用户画像的核心工作是为用户打上各种标签，每一个标签都是特定用户相应个性特征和消费特征的高度总结，如性别、年龄、婚姻、消费习惯和消费偏好等，将所有用户标签整合在一起，呈现的就是用户画像了，如图4-18所示。

构建用户画像需经过3个步骤，如图4-19所示。

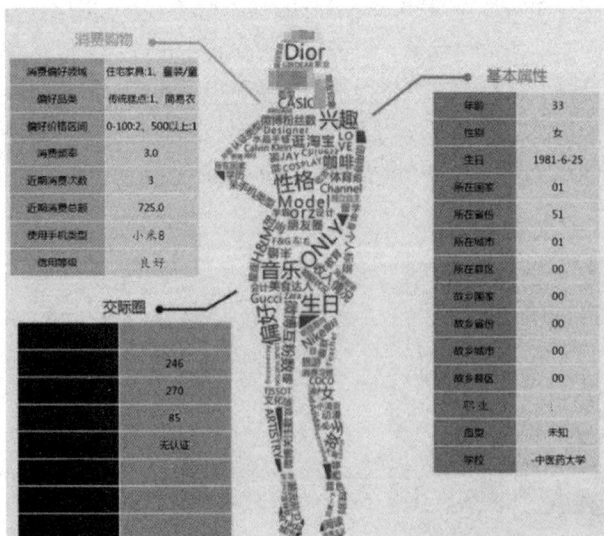

图4-18　大数据用户画像

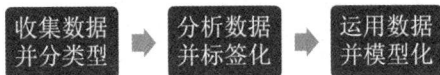

图4-19 构建用户画像的3个步骤

1．收集数据并分类型

数据收集过程不再赘述，收集到的用户数据分为两种类型：一种是客观数据，即关于用户相对稳定的信息，如性别、地域、职业、年龄等；另一种是动态数据，即用户的行为数据，如浏览网页、搜索商品、光顾店铺、消费经历、售后互动、消费等级变动等情况。

2．分析数据并标签化

通过对特定用户相关数据的分析和判定，将分类数据标签化并评定相应的指数，标签表示用户的兴趣、偏好、需求等，指数则用来表示用户的兴趣程度、需求程度、购买概率等。标签分类主要包括基础性标签、消费能力标签、行为偏好标签、消费行为标签和用户服务标签等。

3．运用数据并模型化

在前面两个步骤的基础上，借助时间、地点、人物3个维度来分析和预测特定用户的生活、行为、消费等轨迹并模型化。

根据我国法律规定，商家要在征得用户授权、保障用户隐私安全不泄露的前提下，合理、合法地收集、使用用户个人数据，商家进行用户画像时务必要注意做好用户隐私信息的保护和应用授权，确保用户隐私不泄露，做到用户数据使用的安全、合法。

4.2.2 线上线下融合、实现精准营销

新零售模式下的促销不再是商家组织一个促销活动来吸引用户，而是要做到精准营销。线上其实已经做到了，如用户浏览过奶粉，商家知道用户家里可能有婴儿，接下来如果开展尿不湿的促销活动，就会把这个活动推送到用户面前。

通过用户画像和大数据分析，商家可有效识别用户的个性化需求，进而展开精准营销。例如，阿里巴巴推出的"智能导购"产品就实现了钉钉和手机淘宝的互通，让组织管理平台与消费平台联合，如图4-20所示，企业开始真正跨越线上线下边界，实现组织化的全域精准营销和在线数字化。

"林清轩"就是其中的一个尝鲜者。在传统零售模式下，导购和线上销售平台之间在某种程度上是一种"仇视"关系。因为深知痛点，"林清轩"的创始人孙来春率先通过钉钉的智能导购系统推动门店升级。导购在门店招募会员，后续专属维护，无论会员在天猫或线下复购，导购都可以得到佣金提成。门店导购和线上销售平台之间达成利益和解，共生共赢。更重要的是，智能导购实现了有组织的精准营销。也就是说，会员资产是企业组织的，不是导购个人的，不会因为导购离职而流失；触达服务方式是组织化的，会员的工作消息聚合在钉钉上，钉钉电话能体现品牌名称，给会员群发钉钉消息更加高效；

而且会员画像更精准，可以打标签，可以做批量营销，也可以通过云店实现组织化离店交易。

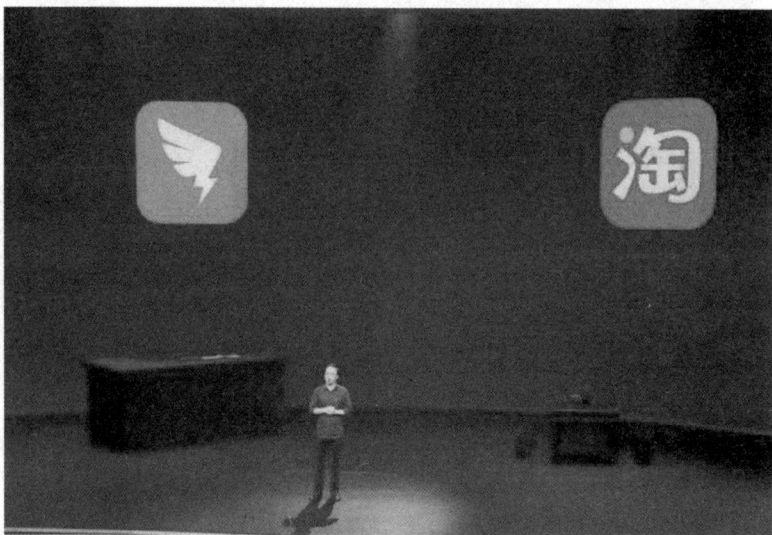

图4-20　"智能导购"产品发布

此产品的推出标志着阿里巴巴新零售实现商家线下门店和线上会员系统的打通，各品牌门店实现从个人导购单兵作战到组织化精准营销的升级。

4.2.3　立足消费数据、升级零售体系

新零售商最大限度地去了解用户，通过收集、分析并预测消费数据，满足并引导用户的消费需求，把控生产，指导商品的精细化生产定制，达到零售升级。

1. 收集用户数据，指导商品生产

结合用户需求数据分析背后的需求信息，以此来组织货源，有助于降低库存，只提供用户兴趣度高的商品，实现运营效率的升级。

在快销时尚品牌 ZARA 的门店里，密集分布着用来捕捉用户信息的摄像头，当用户向店员反映"这件衣服口袋处花边不好看""裤腰上的装饰很漂亮"时，别的店家可能不会引起关注，但是 ZARA 的店会在收集用户意见之后向分店经理汇报。经理通过随身携带的个人数字助理（Personal Digital Assistant，PDA）工具，借助 ZARA 内部全球资讯网络将信息传递给总部设计人员，然后总部就会快速地做出生产决策，直接指导工厂生产线，改变产品的样式。

目前，ZARA 旗下拥有 600 余位专业设计师，每时每刻都在将用户意见融入设计中。不走高端流行路线，而是以当季和当下用户的需求为主，仅一年就能设计出 40000 多种款式，以数字分析和惊人的速度创造出用户所购买的每一件 ZARA 商品。

每日闭店后，店员会盘点每天商品的销售和退货情况，再结合交易系统生成当日经

营效果分析报告，分析当天的热销商品，再将数据传送给 ZARA 的仓储系统。

通过收集用户数据并得出有益于改进生产、仓储工作的决策，可大大提高商品生产的针对性，降低存货率，同时也能为用户提供他们所喜欢的商品，双方都能够享受到大数据所带来的益处。

2. 基于预测数据，优化供应流程

零售商经常遇到这样的难题：用户需要的热销商品备货不足，而用户不需要的商品则周转缓慢，还会占用资金，占据库存。

提供鸭制品零售的"周黑鸭"旗舰店也遇到过这类问题，由于熟食保质期较短，且对包裹温度和储存温度都有特殊要求。如果备货过多，不能及时销售出去，那么商品很容易过期报废；如果备货较少，就会影响用户购买，影响到用户体验。2015 年，"周黑鸭"引入了一款"生意参谋"数据分析系统，实现了对需求信息的精准预测。例如，在当年的"双十一"促销活动中，"周黑鸭"提前预测的销售额为 2000 万元，结果实际销售额为 2150 万元，同预测数据基本吻合，这就使得商家能够提前做好生产规划、仓储规划和发货规划。后来，在促销周期内，"周黑鸭"如期有条不紊地将商品准时发出并及时送到用户手中，并没有出现任何备货不足或备货过量所导致的负面体验和产品浪费，在最大程度上优化了供应流程，提升了供应链效率。

3. 分析用户心理，优化商品体系

"三只松鼠"是一家重视用户数据运营的新型零售商。2015 年，"三只松鼠"运营人员通过比对发现，在淘宝产品指数上，辣条这个独特的商品指数增长极快，2015 年的指数几乎是两年前的 30 倍。于是，"三只松鼠"运营人员便从淘宝后台提取出相关数据进行分析，目的是了解购买辣条商品客户的心理状态，分析发现此类用户通常都有一种很萌的自嘲倾向。据此，"三只松鼠"迅速开发了一款新商品，它不同于传统辣条的包装，每包产品有 20 条，有 7 种状态，且每一包都不一样。这款精心打造的新商品自带流量属性，引起用户的大量分享转发，在天猫平台短短七个月内就销售了将近 500 万件产品，位居天猫辣条细分品类第一名，全渠道销售额突破一个亿，更重要的是它为"三只松鼠"带来了上百万的话题传播流量，成为一款爆品。

4.2.4　数据科技融合、打造极致零售场景

新零售时代，商家要向新零售转型，就需要进行场景的搭建，为用户打造极致场景化的线下实体店，进一步把握用户需求，完美实现流量对接。线下零售实体店的体验优势比较明显，用户到实体店进行消费的过程中，用户能享受到线上购物所无法提供的踏实和愉悦。体验式消费的兴起是线下传统零售跨越提升的一大机遇，因此借助"大数据 + 高科技"，为用户打造极致场景化的线下实体店，满足用户对购物体验更高层次的追求变得迫在眉睫。

亚马逊旗下的 amazongo 刷新了人们对线下购物的认知，用户不用排队，不用结账，即拿即走，是真正代表未来的线下体验。国内这样的线下体验方式也紧随其后，深

兰科技联合支付宝、芝麻信用及 NVIDIA（英伟达），发布了 3 款技术上远远赶超亚马逊 amazongo 的无人智能店 TakeGo，如图 4-21 所示。它应用了卷积神经网络、深度学习、机器视觉、生物识别、生物支付等人工智能领域较前沿技术，完全实现了"扫手进店、直接购物、拿了就走、无须结账"的无人店全智能化操作，整个过程不再有支付环节，用户购物就像在自己家里拿东西一样方便。

图4-21　无人智能店TakeGo

当用户走进无人智能店 TakeGo 并拿起商品时，不管商品的位置是在用户手上、怀中、口袋还是背包内，系统都能监测与识别，用户离开商店时会收到对应的账单，并被系统自动扣款。TakeGo 还有人店对话系统，通过定向声源原理和算法，无人智能店 TakeGo 还可以向用户一对一进行语音产品推荐，根据用户之前的购买记录判断出其喜好、偏向，向其推荐类似商品。

新零售的流量入口有两种：线上和线下。对于打造极致场景化的零售实体店而言，第一，亲和的场景更人性化，让用户更放松，更能减少戒备心理，也就更容易促成交易；第二，要营造与用户互动的氛围，最终吸引用户进入场景，如 DIY、亲子活动等；第三，精简模式，把选择的成本转嫁给商家，商家可以替用户精挑细选一遍，给予用户精准的选择，用户花费最少的时间和精力，得到最好的商品。

2018 年 9 月，UBSKIN 优贝施开启线上线下一体化的新零售运营模式，实现了流量和销量双增长。优贝施打造了一个新零售轻护肤概念店——优贝施进口面膜集合店（UBSKIN MASK），如图 4-22 所示，以较受用户欢迎的护肤品类面膜为主打，以"为你搜集全世界的好面膜"为宗旨，汇集了来自全球 1000+ 款潮流进口人气面膜。

图4-22　优贝施进口面膜集合店（UBSKIN MASK）

　　另外，UBSKIN MASK 还通过共享优贝施线上商城，将商品 SKU[①]扩充至 3000 多个，如此一来，加盟店在扩大销售场景的同时降低了囤货压力。线上商城也能绑定具体门店，并提供商家配送、门店自提功能，一方面便于加盟商核算销售利润，另一方面有助于加盟商打通线上线下，通过"线上下单，门店自提"获得客流。更重要的是，线上商城还能将店铺导购"挪到线上"，即在店内设置二维码，店员在线上继续发挥"肌肤管家"职能，用户绑定后，能在线上与店员交流肌肤问题，有助于增强用户黏性，如图 4-23 所示。

　　对于自助购买火车票、自助超市、自助购物柜等场景，大家都比较熟悉了，而对于购买电子类产品，目前主要以可以现场体验的线下渠道和在线下单、快递到家的线上渠道为主。那么有没有集线下渠道和线上渠道于一身的购买方式呢？2020 年 1 月 1 日，华为开创了人工智能技术的新零售应用场景，华为首个 7×24 小时智能无人售货店落户武汉光谷，如图 4-24 所示，用户可选择网订取货和现场购买两种方式选购华为手机、计算机、平板、智能穿戴等系列产品，用户现场下单后，只需要 7 秒钟就能拿到自己选购的电子类产品，并且在现场还可以看到机器人取货的全部流程，如图 4-25 所示。

---

　　① 　SKU：库存量单位（Stock Keeping Unit，SKU）。

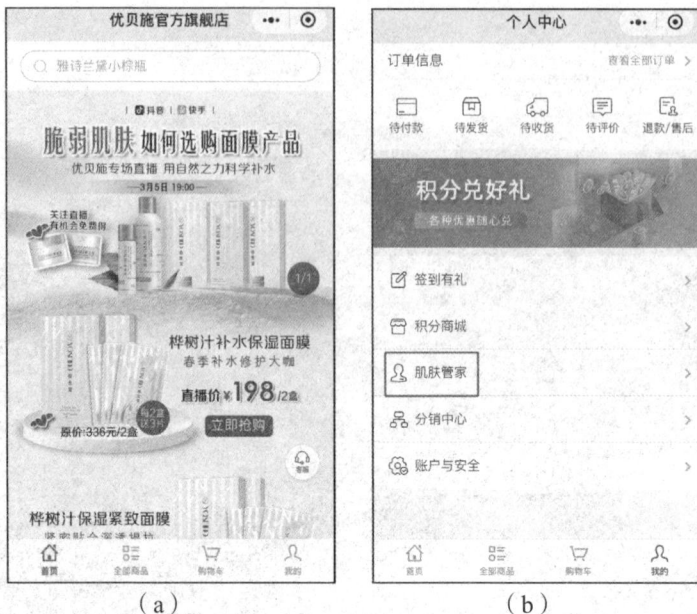

（a）　　　　　　　　　（b）

图4-23　优贝施网上商城及"肌肤管家"入口

图4-24　用户在华为智能无人售货店体验

图4-25　机器人取货

第5章

新零售的未来发展趋势

通过阅读本章内容，你将：

- ◢ 了解新零售的未来发展趋势；
- ◢ 熟悉社区零售的趋势；
- ◢ 掌握线上线下相融合的全渠道零售模式。

思维导图

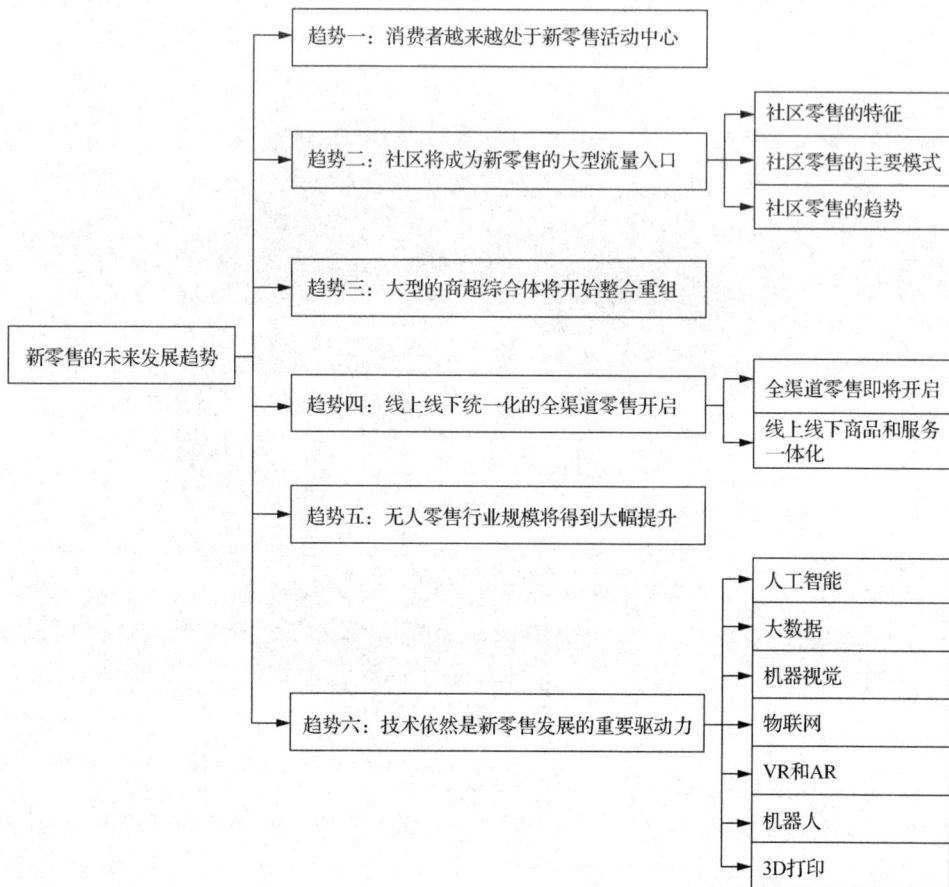

案例引入

　　"生鲜传奇"是安徽乐城投资股份有限公司旗下的门店，如图5-1所示，自2015年诞生以来就备受业界关注，让业界惊讶的是，不到1年的时间，两轮融资累计5亿元，估值高达30亿元。

　　"生鲜传奇"立足于生鲜及厨房周边商品，利用精准的货架管理和同城低价优势，聚焦消费者厨房的核心品类，满足25～65岁家庭消费者一日三餐需求。自有品牌占整体的一半左右，坚持低价，也会有促销，通过陈列、环境和服务等方式让消费者觉得便宜。门店采用"五定"原则来对一家门店进行标准化复制，五定原则为定位、定品、定数、定价、定架。

图5-1　"生鲜传奇"门店

"生鲜传奇"门店一直在迭代更新，其第一代门店设计简约，精选高品质商品；第二代门店采用欧式陈列，提升净菜加工；第三代门店在风格和布局商进行了全新设计，采用品类"岛"式陈列；第四代门店打造"小区门口的菜市场"。经过了第一代、二代、三代、四代的不断迭代升级后，2018年12月"生鲜传奇"迎来第五代门店的全新亮相，升级后的门店结合全渠道营销，可为消费者带来更多定制化的商品、更多自制化的服务。

"生鲜传奇"通过自有App（见图5-2）加强消费者与门店的连接。消费者登录App后首先要做的就是选择对应的门店。另外，"一键呼叫店长"功能还解决了家庭妇女或中老年客群不善使用智能手机的痛点。如今"生鲜传奇"已成为我国社区生鲜零售标准化直营连锁的头部品牌。

（a）　　　　　　　　　（b）

图5-2　"生鲜传奇"App

开动脑筋：

"生鲜传奇"为什么会选择从社区入口布局新零售？

5.1 趋势一：消费者越来越处于新零售活动中心

随着零售市场竞争的加剧及消费者消费观念的改变，以商品为中心的零售模式已经越来越跟不上形势的发展。新零售以消费者为中心、以流量为中心的发展趋势越来越明显，而且这种趋势会加快。新零售将从内容、形式和体验上更好地满足消费者。

我国大规模的生产制造能力已经形成，消费者的主导权变得前所未有的大，商家对消费者需求的理解和感受也变得前所未有的重要，我们开始真正进入消费者时代。"80后""90后""00后"正成为我国市场的核心消费群体，新一代消费者自我意识更强，而消费态度和行为也更加个性化。他们更重视购物过程体验，希望与品牌商及零售商建立交易关系之上的信任感和亲密感。

以无印良品为例，无印良品为了极大地提升消费者体验，线下店与咖啡餐饮、文化艺术、时尚美容等跨界融合，如 MUJI 淮海 755 旗舰店引入 "MUJI BOOKS"（见图 5-3），为消费者打造一种新型体验的社交化场所。为配合书店和商品陈列，MUJI 淮海 755 旗舰店推出了一系列与设计有关的活动，如设计师做讲座、讨论会、读书会等，配合无印良品本身的品牌格调，更加吸引有个性表达诉求的目标消费者。

图5-3 无印良品推出的 "MUJI BOOKS"

未来，商家经营哪些类目的商品，以及商品是不是知名品牌已不是最重要的；如何用有特色的商品、场景、服务、体验打动消费者，触动消费者的心智，才是最为关键的。商家需要研究消费者的价值观、消费观、消费心理、情感需求，并与本企业商品、定位及文化相融合，切实从消费者出发提供其所需的商品、服务、购物环境等，才能真正实现以消费者为中心。新零售将更进一步满足消费者对定制化、个性化和多样化商品的需求。

5.2　趋势二：社区将成为新零售的大型流量入口

因消费者的变化，社区店悄然兴起。现在，小的商业形态发展得越来越好，看似偶然的发展，其实里面有许多必然。因为社区店小，选址相对容易，可迅速布点；也因为社区店小，可以离消费者更近，更贴近消费者的生活。许多社区的周边一夜之间出现了很多社区店，这些因地制宜的小门店，都以一定的经营方式与消费者沟通交流。

首先，消费者外出购物的门槛越来越高了。在电子商务的推动下，消费者越来越懒得外出购物，在线上动动手指，就可以点一份外卖、买一份新鲜的蔬菜，能够满足生活所需。

其次，消费者对便利性的要求越来越高。在考虑去哪购物时，不管是到线上还是到线下，不管是去大卖场还是到社区店，便利成为消费者考虑的一个重要因素。在所有的实体模式中，社区店的便利性无疑是较高的。

例如，"生鲜传奇"最初的创业思路是把大卖场中的生鲜板块单独拿出来经营，针对消费者的一日三餐，以更为贴近消费场景的方式开在小区里，同时根据这一消费需求做品类切割，以生鲜商品和餐饮食用品以及日常便利食品为主，如图5-4所示。目前生鲜电商无法满足所有消费者的需求，而且生鲜冷链物流运输腐坏率较高，因此消费者大部分都是以线下购买生鲜为主。"生鲜传奇"以社区商业为入口，加快了生鲜的流通率，更符合消费场景及零售逻辑。

图5-4　"生鲜传奇"超市
主要品类

从上述例子可以看出，购物中心、主题超市固然是一个城市的形象和名片，但真正令消费者经常产生消费的地方还是家门口的社区型市场。能否用最便利、最高效的方式解决日常消费问题，是决定一个市场是否具备生活品质和人气的重要方面。从成熟市场来看，社区商业消费占整体商业构成的60%～70%。现在传统商业竞争加剧，城市级商业风险增大。社区商业反潮流已经兴起，所有社区消费者都跳不出"生活最后一公里"的圈子，社区店与消费者拥有无缝对接的近距离优势，会使社区商业更易衍生出符合主流趋势的一站式消费模式。

5.2.1　社区零售的特征

从传统意义上说，社区零售是以地域内和周边消费者为主要服务对象的零售商业模式，由商家平台、社区零售店、消费者等要素组合而成，如图5-5所示。社区零售属于以提供日常生活用品和服务为主的属地型商业，与其他商业项目对比，社区零售具有以下三大特征。

一是社区零售的商业功能是便民消费，离消费者近是一个重要诉求。

二是社区零售的消费对象偏重家庭、学生、儿童，以中档的家庭消费为主。

三是社区零售在服务模式的配置上突出消费的便捷性，服务模式的配置上侧重家庭消费的组合。

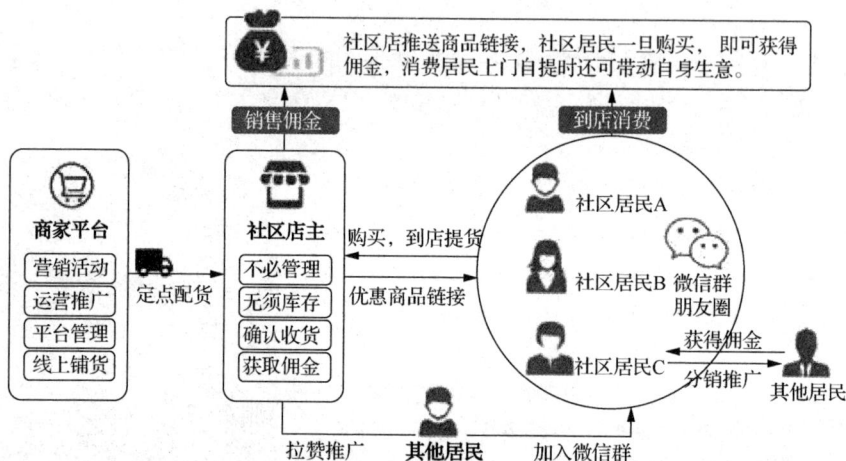

图5-5　社区零售商业模式

5.2.2　社区零售的主要模式

社区零售模式主要有 5 个方面：社区生鲜零售、生活方式杂货、家庭娱乐、健康美容、轻餐饮和休闲餐饮，如图 5-6 所示。

在这 5 个主要模式中，较为核心的是社区生鲜零售和生活方式杂货。基于社区消费者高频需求的生鲜专业店或生鲜社区超市是拥有巨大市场容量较具复制性的生意。而且社区生鲜零售满足社区消费者的核心需求，具有高度垄断的潜力，甚至对便利店都可以形成挤出效应。有一份很有趣的数据，原本一家生意很好的标准便利店，日营业收入接近 1 万元；而当街对面出现了一家 200 平方米的生鲜小超市后，便利店的日营业收入跌到只有 4000 元。

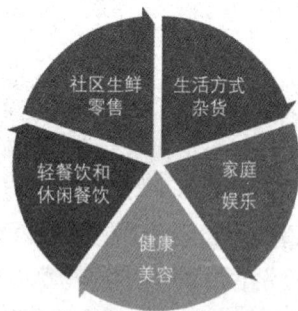

图5-6　社区零售的主要模式

5.2.3　社区零售的趋势

未来，社区零售的发展趋势如表 5-1 所示。

表 5-1 社区零售的发展趋势

序号	趋势	特点
1	体量小规模化	小体量的社区零售不但运营便利,而且风险可控,投资风险也相对较小
2	模式组合趋向于"全模式"	社区零售在今后发展中既要满足消费者的传统衣、食、住、行需求,又要满足新型消费需求,实现融购物、餐饮、娱乐、服务于一体的全模式
3	场景化体验增强	一方面商家会将门店装修融入社区,融入宣传的生活理念;另一方面商家将在门店内增加消费场景,让消费者既能享受服务,又能在门店中进行互动和交流
4	模式功能趋向细化	社区居民人数众多、结构复杂,按年龄、性别、收入水平、文化等可以细分为不同的消费群体。社区门店目标群体的消费结构、消费需求、消费动机和消费心理等决定了社区零售功能的细化

5.3 趋势三: 大型的商超综合体将开始整合重组

在社区零售模式引领之下,未来零售行业的发展方向必然是向着社区化发展演变。沃尔玛已经开始着手在一些人口密集的地方建设一些邻里社区型的门店,天猫、京东等也开始着手类似商业体的布局。可以想象的是,在未来,这种精细化运营的社区店将遍布我们生活的各个社区。

在新零售不断发展的趋势下,目前很多头部电商品牌已经开始加入社区店这个战场中来,如表 5-2 所示。

表 5-2 头部电商品牌社区店布局

品牌	投资方	门店目标	分布	模式
京东便利店	京东	5 年内 100 万家	全国,其中规划农村占比 50%	加盟
天猫小店	阿里巴巴	数千家	全国	加盟
苏宁小店	苏宁易购	700 家以上	北京、南京、广州、成都等	直营
永辉生活	永辉超市	400 家以上	上海、福建、重庆、北京、广东、安徽、浙江、江苏等	加盟

永辉生活(见图 5-7)便利店一般开在中高档社区周围,经营范围以生鲜、干货、酒水及生活中常用的日用百货为主,其中生鲜占比高达 50%。营业面积在 100 平方米左右。永辉生活采取直采 + 前置仓模式及与京东到家的合作来提高供应链效率;采取电子标签与 App 的应用及多种结算方式的使用来提高消费者购物效率;采取小包装生鲜品类来提高消费者做菜效率等。

图5-7　永辉生活

5.4　趋势四：线上线下统一化的全渠道零售开启

随着消费场景的多元化，消费者对于场景的选择更加不确定，特别是作为主力消费人群的"80后""90后"，他们既钟情于线上消费的商品丰富、价格实惠、送货上门，也同样乐于享受线下消费的即到即买、现场体验、质量可靠及完善的服务，消费者对于线上和线下的区分边界变得越来越模糊。

消费者需求的不确定性让线上和线下的零售商都面临着获客成本增大的压力，这也促使线上、线下零售商更加理性地审视自身，如何能够在转型中扬长避短，开启创新、融合之路。线上发挥渠道方便、快捷的优势，线下发挥消费体验和信赖度的优势，相互借力，逐步打破线上线下边界、客群边界、供应链边界、时效边界、平台边界和地域边界，让消费者能够真正实现随时随地随心所购。

随着线上线下的不断融合，线上与线下零售店在各方面的差距将不断缩减。在这种背景下，一方面商品价格、购物体验及商品质量将统一；另一方面全渠道零售将开启，消费者将通过多种渠道获得更加专业的服务和更加优质的商品。

5.4.1　全渠道零售即将开启

随着信息技术、移动互联网和社交媒体的兴起，整个零售行业进入精细化销售的时代，渠道为王的时代正被移动互联网、消费者体验、数据价值融会贯通于线上线下，全渠道成为零售业发展的必然方向。零售商不仅仅需要整合渠道和改变运营模式，也需要结合大数据重构零售供应链系统，提供更精准的消费者体验。

在未来的零售业务场景中，消费者不管是走进线下门店，还是使用商家开发的移动端App和第三方电商平台上的店铺，都能获取一致的商品和促销信息，商家要对任意平台进行一体化管理，包括线上会员线下开卡、线下会员线上绑定、积分线上线下通兑、网上购买实体店取货等。消费者可随时随地按照自己喜欢和方便的方式进行消费，而且可以获得统一的消费体验,如图 5-8 所示。

其实现在有些商家已经开始进行全渠道零售,并且取得了较好的效果。京东自 2017 年提出"无界零售"之后,作为电商行业的领头羊,推进线上线下融合的步伐明显加快。在此过程中,"京东-沃尔玛"模式成为全渠道零售的典型样板。2017 年,京东与沃尔玛进入深层合作:线上的沃尔玛官方旗舰店、沃尔玛海外购官方旗舰店、山姆会员商店官方旗舰店、山姆会员商店全球购官方旗舰店纷纷入驻京东;线下越来越多的沃尔玛门店入驻京东到家平台。2017 年 7 月,京东与沃尔玛开始实施消费者互通、门店互通与库存互通的"三通"战略,意

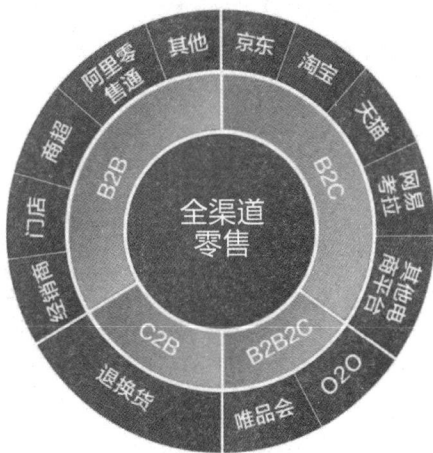

图5-8 全渠道零售

味着在双方此前的浅层合作基础上将合作推进到供应链和后台技术方面更深度的融合。2018 年,借助京东到家的消费数据,结合沃尔玛的供应链能力,沃尔玛推出了零售商超行业的首个仓配一体化"沃尔玛云仓",目前已经在深圳、上海和成都建立了十余家云仓,这些云仓可以为消费者提供 1 小时送达服务。

另外,通过与腾讯的合作,沃尔玛首次将"扫码购"推广到了全国。在类似功能的小程序中,目前整个商超零售行业里也只有沃尔玛实现了全国 400 家门店的覆盖。利用沃尔玛"扫码购"功能,消费者在线下门店购物时随时添加想要购买的商品,然后直接在线上进行支付,免去排队付款的烦恼,这几乎和线上购物的流程一样,如图 5-9 所示。该功能可以将沃尔玛大量的线下流量连接起来,提升门店的运营效率,为沃尔玛沉淀更多数字化消费者,从而为消费者提供个性化的购物体验打下基础。

图5-9 消费者正在使用沃尔玛"扫码购"

我们再来看一个案例，甘肃省陇南市西和县"双十一"打出线上线下融合的组合拳，据不完全统计，2019 年"双十一"当天，西和县农特商品线上线下累计实现交易额为 1317.36 万元（线上 451.4 万元、线下 865.96 万元），与 2018 年"双十一"销售情况对比（2018 年累计实现交易额为 296 万元，其中线上为 138 万元、线下为 158 万元），同比增长约 345.05%。其中西和县百草堂中药材有限公司实现交易额为 630 万元，在全县总销售排名第一；西和县小陇商城线上线下交易额为 355.93 万元，排名第二。西和县苹果 1 分钟内达成 357 单，成为"双十一"西和县最受欢迎的商品。

此次，西和县为"双十一"活动精选商品，线上线下融合促销。一方面，以"网红"直播为主体，邀请本地网红现场直播，发挥自媒体平台引流转化优势，吸引消费者到天猫等平台上进行购买商品，如图 5-10 所示；另一方面，依托电商双创园线下体验馆及"小陇商城"，如图 5-11 所示，吸引消费者到线下门店体验。另外，此次西和县极力推动线上线下融合发力，推出"商城预售、限时抢购、一元秒杀、进店送礼"等促销组合，线上和线下相互引流。

（a）

（b）

图5-10　西和县"双十一"线上促销活动

图5-11　西和县"双十一"线下促销活动

从上述案例中可以看出，在线上线下融合发展成为大趋势的背景之下，线下实体零售和电商之间的竞争开始越来越趋于理性，甚至不少传统企业开始接受并拥抱互联网，不少线下零售商开始承认，互联网给整个行业的发展带来了颠覆性的变化，零售行业理应顺应潮流，走线上线下营销活动融合发展的道路。至此，线上电商企业和线下的零售商之间形成了一个共识，零售行业未来的发展趋势一定是线上线下一体化的新零售。

5.4.2　线上线下商品和服务一体化

传统电商采用线上线下两个不同的商品和价格体系，可称之为电商"双轨制"。这个电商"双轨制"是不利于企业长远发展的。电商"双轨制"的起源是企业试图在传统线下经销体系之外再开辟一个销售渠道。为了避免与传统经销渠道冲突，所以采用了不同系列的商品，并且因为线上电商价廉的原因，商品还要以低于线下经销价格销售。商品分开销售，售后的配送安装服务一般也是分开来实施的。由于线上与线下的对立，线下传统经销商对线上销售商品的售后服务可能会拖延执行甚至不提供服务，严重影响了消费者的使用体验。在新零售时代，企业需要打破以往线上线下分割的局面，做到线上线下一体化的消费体验。

一体化的消费体验不仅仅是要求企业线上线下所展示的商品要一致，而且价格也要一致。2019 年 8 月 7 日，卡西欧新零售店"G-SHOCK 新天地店"在上海开业，理念是创造"任何时间、任何地点、任何商品、任何渠道"的购物体验，实现线上线下业务一体化。在这里，消费者可享受前卫的科技感视觉体验、体验互动游戏，也能现场直接扫码购物，并通过多元化支付功能实现真正的便捷消费，如图 5-12 所示。

图5-12　消费者线上扫码，线下体验

除此之外，线上线下一体化的消费体验还表现在企业在整个的商品导购过程中如何及时引导消费者在线上与线下之间进行无缝切换。例如，当消费者在线上浏览商品时，企业如何及时引导消费者去线下实体店进行实物体验，对商品有更多的了解，并且通过线下导购一对一的解释促进消费者的转化等。

消费者在购物时无论身处何地，无论是在线下逛街还是手持鼠标或智能终端，都能以同样的价格买到同样的商品、享受同样的咨询或售后服务，用任意方式支付和取货——这种线上线下一体化正是全行业力推的新零售较为典型的标志之一。

5.5 趋势五：无人零售行业规模将得到大幅提升

随着技术发展、人工和租金的大幅上涨、基础设施的规模化和移动支付的普及，尤其是人工智能和物联网技术的飞速发展，无人零售已经具备加速发展的客观条件，加上资本入局，无人零售将进入快速扩张阶段。各种新型的自动售货机，包括占领办公室的自动咖啡机、自动售卖冰柜等，都将成为新零售形态中不可或缺的一部分。目前，除了各电商和互联网巨头以外，创业企业也纷纷涌入，积极布局。目前，我国无人零售企业的主要经营模式如表 5-3 所示。

表 5-3　我国无人零售企业的主要经营模式

类型	面积	形式	距离消费者距离	代表企业
开放货架	占地面积小（<10 平方米）	开放式	距离消费者最近	每日优鲜便利购、小 e 微店等
自动贩卖机	占地面积小（<10 平方米）	封闭式	距离消费者较近	天使之橙、零点咖啡吧等
无人便利店	占地面积大（10～30 平方米）	形式不一	距离消费者较远	缤果盒子、便利蜂、F5 未来商店等
无人超市	占地面积大（百/千平方米）	半开放式	距离消费者最远	amazongo、淘咖啡等

随着支持无人零售行业发展政策的陆续出台，以及资本对无人零售行业的青睐，我国无人零售行业的产业链目前已初步形成，如图 5-13 所示。未来，在资本和技术的继续推动下，我国无人零售行业将迎来一个高速发展期，无人零售店数量和消费者规模都将得到大幅提升。

另外，在未来，随着人工智能和网络技术的发展，技术将以消费者、运营商及产业链各方需求为导向，对现有无人零售领域的三大主流技术（互联网、物联网、人工智能）进行优化，无人零售将会进一步提升消费者体验，简化购物流程。

图5-13　我国无人零售行业的产业链

5.6　趋势六：技术依然是新零售发展的重要驱动力

新零售的一个特征为各种新技术的应用，不只是互联网的应用，更包括生物识别、物联网、人工智能、AR/VR、大数据、云计算等多个新技术的应用，从渠道布局，到物流配送，再到消费者定制化，无不是有着技术的支撑才能发生新的变化、出现新的形态。

另外，全渠道融合既是零售业的战略选择，也是技术对零售基础设施的不断升级迭代。在线上和线下融合的背后，一系列技术都被融入零售的每一个环节里，从而实现对线上线下各个零售环节在效率、成本和体验上的优化。我们罗列了新零售应用的 7 种新技术，如图 5-14 所示，它们联合起来将彻底改变零售业。

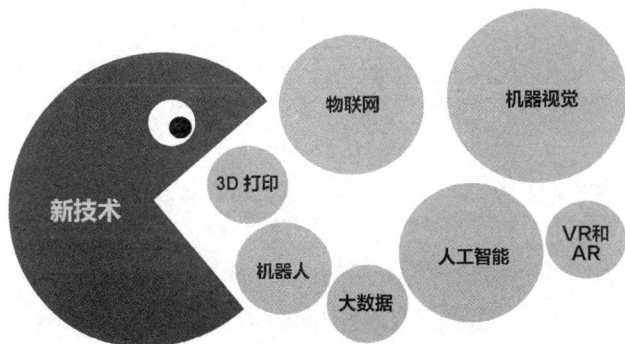

图5-14　新零售应用的7种新技术

5.6.1 人工智能

人工智能（Artificial Intelligence，AI）不仅仅是一个科技热词，目前正在迅速改变着众多行业现有的商业运营模式，并已同多个行业领域碰撞出各具特色的火花。2020年3月3日，教育部、国家发展改革委、财政部印发《关于"双一流"建设高校促进学科融合 加快人工智能领域研究生培养的若干意见》，创新人才培养机制和模式，促进人工智能领域高层次人才培养。由此可见，人工智能作为国家战略性新兴产业，对各行各业的发展具有驱动意义。

对于新零售行业来说，人工智能正成为其发展的强力助推器，驱动零售业的颠覆式发展。2018年8月，法国凯捷管理顾问公司（Capgemini）做过一项调查，调查对象为全球400名零售业高管。结果显示，到2022年，人工智能将每年为零售商节省3400亿美元，并且估计节省下来的80%资金将归功于人工智能技术的应用，它可以使供应链和退换货流程更高效地运作。通过AI技术的赋能，线下零售方式已经升级转型，逐渐形成数字化、智能化的商业模式，具备更强竞争力的新零售，为消费者带来更新、更佳的体验。人工智能技术在新零售上的应用主要有以下几个方面。

1．智能预测

人工智能一方面可以基于消费者的消费和行为数据为消费者自动推荐满足其需求的商品和服务，减少消费者消费成本；另一方面可以对整个供应链进行优化和升级，如自动预测备货、智能选品和智能分仓调拨等。

（1）自动预测备货是企业通过历史记录、节假日及促销、周期性因素、商品特性等数据预测备货，有效减少库存。

（2）智能选品是企业智能化诊断当前品类结构，优化品类资源配置，实现了商品全生命周期智能化管理。

（3）智能分仓调拨是企业预先将商品匹配到距离消费者最近的仓库，尽量减少区域间的调拨和区域内部仓库之间的调拨，提高时效性，同时优化调拨时的仓配方案，最大化降低调拨成本。

2．智能客服

2018年8月，法国凯捷管理顾问公司（Capgemini）的一项调查显示，大约10%的受访者表示智能聊天机器人和自助结账服务等面向消费者的人工智能应用能够显著提升消费者满意度。

京东通过智慧客服系统、JIMI智能机器人等应用，凭借京东多年积累的客服运营经验，依托大数据、人工智能、深度学习等技术优势，将优质的服务完美呈现。京东智慧客服系统通过数据分析挖掘处理技术，可锁定消费者的高可能性诉求场景，对不同消费者进行智能预测，快速精准地区分消费者所需要的业务类型、商品分类、售后服务等，为之提供个性化服务。数据统计，在"618"期间进线的消费者中，通过智慧客服进线的消费者满意度达91%，较非智慧客服进线的消费者满意度提升3%～5%。智慧客服减少了消费者描述问题的烦琐程度，解答更高效，处理更专业，并且为消费者带来更好的体验。

5.6.2　大数据

大数据能够帮助零售企业更了解消费者需求，将消费者、商品和供应链有机对接起来，推出与消费者要求相匹配的商品和服务。对于中国的零售行业，特别是线下传统零售行业，大数据分析还处于刚刚起步的阶段。不过，企业目前已经认识到大数据的重要性，很多企业正在着手进行大数据探索及相关项目的试点。国际商业机器（International Business Machines，IBM）公司认为，零售企业的大数据分析是与云计算、移动和社交化紧密结合的系统工程，需要从战略层面系统规划。

大数据应用是零售企业向未来转型升级的核心竞争力。新零售时代，零售企业的大数据应用主要有 3 个层面。

第一层面是支持零售业运营，零售企业可以通过对价值链上多方数据的挖掘和分析，提高供应链、物流等方面的运营效率，并利用大数据分析的结果支持领导层决策。

第二层面是形成大数据商品，即形成独立的大数据商品，零售企业采用免费、出售或合作方式提供给内外部消费者。

第三层面是构建大数据平台，即部分向平台型企业转型的零售企业将利用大数据搭建企业生态平台，为平台上的企业服务，促进共同的繁荣。

零售企业通过以上层面的大数据应用，可以提升自我，创造价值，包括打造智慧购物体验、构建智慧商品管理和供应链网络，以及实现智慧运营等。

我们通过一个案例来了解一下大数据在零售场景中的应用，即星巴克利用大数据分析加强与消费者的互动。星巴克推出了"大数据咖啡杯"，在一些咖啡杯中装上传感器，收集消费者喝咖啡速度等数据，从而为喝咖啡较慢的消费者提供保温效果好的杯子，提升其满意度和忠诚度。星巴克开发了新的咖啡机 Clover X，目前仅在旗舰店和概念店使用。这款咖啡机除了制作咖啡的能力较先进之外，它还与云端连接。这不仅允许星巴克可以更全面地收集运营数据，还可以对故障进行远程诊断，甚至可以进行远程维修。

星巴克改变了消费者被动接受的传统营销方式，其营销深深把握住"消费者创造"的核心，让消费者乐于运用星巴克提供的平台动手创建自己的服务，在这一过程中星巴克也获得了消费者信息。当营销变得准确有趣时，消费者不仅更加容易接受，甚至会自愿推广传播。

5.6.3　机器视觉

机器视觉是指利用摄像头、Wi-Fi 等技术，识别动作、商品和人，以及进行定位与关联。机器视觉将成为无人零售未来的主流技术方向，机器视觉一旦成熟就能规模化推广。亚马逊无人超市——amazongo 所采用的便是机器视觉识别技术。

使用机器视觉识别技术的零售方式，消费者购物的流程简单、无须结账、即拿即走。消费者进入 amazongo 购物前需要有一个亚马逊账号，并需要下载 App。商场在入口处会对消费者进行人脸识别，确认消费者身份。当消费者在货架前停留并选择商品时，摄像头会通过图像、手势识别判断消费者是将货物置于购物篮（购买）还是只是看看然后放回原处（未购买）。通过货架上的红外传感器、压力感应装置（确认哪些商品被取走）及荷载传感器（用于记录哪些商品被放回原处），扫描并记录下消费者购买的商品，实时传输至 amazongo 的信息中枢，然后自动在消费者亚马逊账户上结算，消费者购物完成，直接离店。

此外，机器视觉捕捉到的商品和人的细节，通过算法模型分析后，能帮助实体店店主更好地了解消费者和店铺，并有针对性地做出决策。例如，爆款商品是不是应该调整一下摆放的位置；是不是要根据消费者喜欢走的路线优化一下货架及商品摆放策略；客流高峰期间的销售业绩表现平平，是不是该考虑更换一下高峰期间的推荐商品；实体店的供应链是不是需要系统性地优化一次等。

5.6.4　物联网

从传统零售到新零售，零售基础设施发生了很大的改变。物联网技术推动了零售基础设施的改变。物联网技术的发展，改变了零售各个环节的基础设施，降低了零售成本，消费者体验和效率得到了空前的提升，给新零售的普及与推广插上了翅膀。

零售业正在经历转型，零售商在购物体验前期以全新的方式识别和拉动消费者，使消费者能通过移动支付、自助结账、在线或常规的结账方式自由灵活地进行购物，零售商采取一致化商业应用的进程正在引领交易销售端设备的变革。由此可见，零售业的所有环节都将发生改变，其中物联网技术和设备将无处不在。

对于物联网改变营销方面，信标是其中的一个利器。它是一种低功耗的蓝牙连接设备，当手机等配备蓝牙功能的设备出现在覆盖区域时，它就会自动推送通知，让消费者实时获得店内的折扣和优惠信息。由于信标很小，因此商家既可以在店面周围排布信标来吸引消费者，也可以在店内的某些走道安装信标来创造交叉销售的机会。目前，信标商品已经发展到比较成熟的阶段，市场前景咨询公司 ABI Research 预计，低功耗蓝牙信标市场将迎来快速发展，2021 年，信标的出货量预计将突破 5 亿台。

物联网还能对消费者行为进行分析，以便零售商调整商品陈列等，如联想无人商店（见图 5-15），店内的装

图5-15　联想无人商店

置可以通过捕捉消费者在店内的运动轨迹、在货架面前的停留时长来调整货品的陈列方式。通过采用前沿的各类物联网技术，该店重构了人、货、场关系，联想成为推动零售行业变革的先锋。

5.6.5　VR和AR

1．VR技术在零售业的应用

VR技术是现代仿真技术的一个重要发展趋势，是多种信息源融合的交互式的三维动态视景和实体行为的系统。它作为一门前沿技术，在当今国际社会上备受关注，目前在餐饮、酒店、旅游、教育、娱乐等诸多领域发挥着越来越重要的作用。

对于餐饮业来说，谷歌地图官方调查结果显示，在1300名受访消费者中，有84%的消费者表示商家内部VR全景在自己选择餐厅时发挥了作用，拥有店面内部VR全景的餐厅（见图5-16）比没有内部VR全景的餐厅消费者咨询率、预订率提高了30%。

图5-16　餐饮店VR技术应用

对于酒店行业来说，卡尔森消费者联盟调查结果显示，有内部VR全景的酒店（见图5-17）平均每家每月在线预订率增长了135%；并且在每月营收上比没有内部VR全景的酒店平均多出7200元。VR全景使消费者到酒店实地考察的次数减少了40%，让酒店的入住率显著提升。

图5-17　酒店VR技术应用

对于旅游行业来说，全国已有很多景区利用 VR 全景技术来对景区进行宣传，有 VR 全景的景区（见图 5-18）比没有 VR 全景的景区在消费者访问时长上提升了 182%，在线预订率提升了 78%，VR 全景技术让游客在出行目的地的选择上更加直接和高效。

图5-18 旅游景区VR技术应用

2．AR技术在零售行业的应用

AR 技术逐渐在零售行业崭露头角。从广义上讲，AR 是指在实体环境中增加数字内容和图片，从而为消费者创造更为强烈而丰富的现实体验。该技术最早应用于战斗机飞行员的头盔显示器，现已广泛应用于汽车和游戏行业。近年来，AR 技术的应用更是如雨后春笋般不断涌现，如谷歌眼镜用 AR 技术为消费者提供浸入式体验。这一技术在零售业也大有可为。得益于智能手机和移动设备的广泛使用，零售商如今能以过去无法想象的方式更生动地展示商品，这是吸引消费者的一种创新方式。消费者希望在家中就能解决外出购物时遇到的问题，对于消费者的这一痛点，许多零售商已有察觉，一些零售商率先利用 AR 技术打造出更为轻松愉悦的消费者体验。从总体上说，AR 技术可以帮助零售商和消费者提升如下体验。

（1）商品查找和信息获取

现有技术已经可以让消费者通过手机摄像头或智能眼镜扫描货架通道，快速锁定优惠或符合特定口味、偏好的商品，如无麦麸、易认证的有机食品。谷歌的 Project Tango 技术则更进一步，借助该技术的 3D 店内个性化地图可帮助消费者用移动设备轻松找到所需商品。货架上可以"弹出"商品信息和促销资讯。AR 技术的类似应用还包括手机扫描商品，获得个性化信息、推荐、食谱及评价等，如图 5-19 所示。

（2）商品展示过程可视化

在第 2 章中，我们提到 AR 技术可以应用到装修中，给消费者展示商品与实际环境的融合效果，还可以应用到商品使用过程、商品安装过程等方面，让消费者能够获得接近真实的商品体验，从而更方便做出购买决策。瑞宝丰丽公司是一家专业 AR 技术解决方案提供商，并将 AR 技术应用到行业场景中，力争为各行各业带去新的体验与机遇，如图 5-20 ~图 5-22 所示。

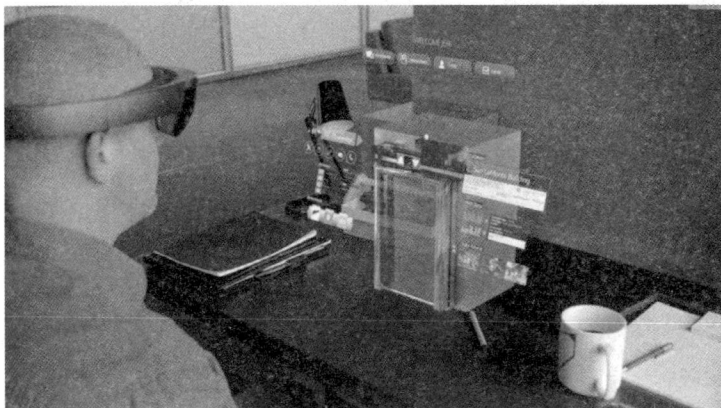

图5-19 AR商品信息获取

图5-20 AR家具展示图

图5-21 AR商品安装展示

图5-22 AR汽车应用

未来，凭借 VR、AR 这些技术，消费者就能将自己最喜欢的店铺装进口袋里了，逛店铺与消费者当下的位置不再相关。

5.6.6　机器人

近年来，电商和快递业的爆发式发展促进了物流机器人的蓬勃发展，以此为契机，我国的物流机器人领域也正在从传统的工业领域向商业服务领域拓展。目前，从作业环节和技术角度来分，仓储物流行业使用的机器人主要有两大类：一类是应用于物品码垛、拆垛、分拣包装等环节的工业机器人，如关节式机器人、直角坐标机器人、并联机器人、协作（复合）机器人等；另一类是用于搬运、分拣环节的轮式移动机器人，即自动导引车（Automated Guided Vehicle，AGV）。最近几年，在地方政策的引导下，国内出现了上百家以 AGV 为主业的专业公司，AGV 的市场应用得到了长足的发展。作为柔性的自动化装备，AGV 应用场景呈现出多样化，由单一的搬运载体变为智能的分拣设备、装配工具、服务工具等。

1．自主移动机器人

自主移动机器人（见图 5-23），通过快速穿梭于在制品和成品之间的移动作业极大地提高了精益生产的效率。最新型的自主移动机器人能够独立、动态、随机地搬运货物，并开始在仓库和配送中心中发挥更大的作用。与此前依靠天线或地面磁条导引的设备不同，最新的自主移动机器人具备了独立移动、即时做出决定的能力。两者间的区别就如公交车和出租车，公交车只能按照既定路径运行，而出租车则可以根据乘客意愿自主选择到达目的地的最优路径。因此，对于智能机器人而言，管理者只需告诉它目的地，它就能自主选择最优路径运行。

图5-23　自主移动机器人

2．分拣机器人

如果说移动式机器人解决的是"货至人"的作业，那么固定式机器人则能够出色地完成"货至机器人"式的分拣操作。蜘蛛式机器人就是其中的一个典型，能够迅速完成取放操作，有时能达到每小时取放 2400 件商品。这种技术已存在多年，只是随着技术的进步，先进的蜘蛛式机器人已能够控制分拣的次序，并实现分拣过程的可视化，以保证分拣操作无差错进行，如图 5-24 所示。

图5-24 分拣机器人

3．码垛机器人

货物经分拣、包装工序后，还需要进行恰当的托盘堆垛以方便运输。机器人在托盘码垛方面也大有可为，但是托盘码垛并不是将货物随便装满托盘那么简单，还要求托盘上货物的堆放能方便消费者取货，符合消费者的装卸习惯。这就要求码垛机器人必须能够分辨各种货物的规格、尺寸，并充分满足消费者的堆放要求，如图 5-25 所示。

图5-25 码垛机器人

5.6.7 3D打印

随着 3D 打印技术的出现和快速发展，零售业正在发生巨大变化。在第 3 章中，我们提到 3D 打印技术已经在珠宝、鞋类、工业设计、建筑、工程和施工、汽车、航空航天、牙科和医疗产业、教育等领域得到广泛应用。商家可以通过 3D 打印技术来提升消费者的终端体验，让消费者直观看到自己设计的商品效果。阿迪达斯门店就通过 3D 立体投影室提升消费者的终端体验，让消费者可以直观地看到自己设计的鞋子效果。图 5-26 所示为阿迪达斯面向市场推出的 3D 打印运动鞋。

图5-26　阿迪达斯面向市场推出的3D打印运动鞋

3D 打印与普通打印的原理类似，但是二者的区别很大，具体如表 5-4 所示。

表5-4　3D 打印与普通打印的区别

区别	3D 打印	普通打印
耗材不同	工程塑料、树脂、石膏粉末、热塑性塑料、钛合金、光聚合物、液态树脂	墨水、碳粉、纸张
结构不同	空间立体打印	平面打印
载体不同	以设计的三维图形为基础	能构造各种平面图形的模板，如 Word、PowerPoint、PDF、Photoshop 等
时间不同	几天或一个月以上	几分钟

3D 打印技术为零售业带来很多的变化，主要有以下几个方面。

（1）带给消费者全新的购物体验

随着 3D 打印变得越来越主流，商店将从商品陈列室转变为更具体验性和实验性的地方。消费者将不再需要从可用库存中选择商品,因为商品将根据消费者的偏好进行设计。杭州时印科技有限公司推出一款名为"盼打"的自助式巧克力 3D 打印机(见图 5-27),消费者可以根据自己的喜好自己动手,打印一颗好吃的 3D 巧克力 (见图 5-28)。消费者只要打开微信扫描设备屏幕上的二维码,选择页面内的模型或 DIY 设计,选定图案付款后,等待 3 ~ 5 分钟即可打印获得巧克力成品,其中皮卡丘、三级头盔、小马宝莉这些热门形象广受消费者青睐。图 5-29 所示为消费者排队体验自助式巧克力 3D 打印机时的场景。

图5-27 "盼打"的自助式巧克力3D打印机

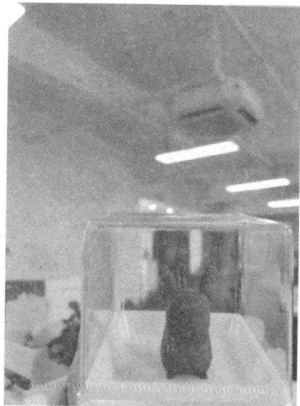

图5-28 3D巧克力

图5-29 消费者排队体验自助式巧克力3D打印机时的场景

(2)缩短时间

3D 打印可以快速缩短设计和制造之间的时间,加快商品上市时间,并能够帮助商家快速了解新设计的商品如何在现实世界中出现和运营，使商家能够更自由地尝试设计新商品，并使其商品更贴近市场需求。3D 打印技术使零售商和制造商能够更好地响应市场需求，并从原型设计无缝转移到 3D 打印机的全面生产。

（3）降低生产成本

3D 打印技术帮助商家实现更少的浪费和能源消耗、更贴近最终消费者的压缩供应链，以及 3D 打印技术令人印象深刻的定制能力减少了库存和管理费用，从而提高了商家的利润，提高了财务业绩和消费者满意度；商家通过提供新的店内体验和大规模定制，缩短商品上市时间和提高供应链效率。

第6章

新零售案例

通过阅读本章内容，你将：

- 了解典型企业的新零售发展历程；
- 掌握典型企业的新零售运营模式。

思维导图

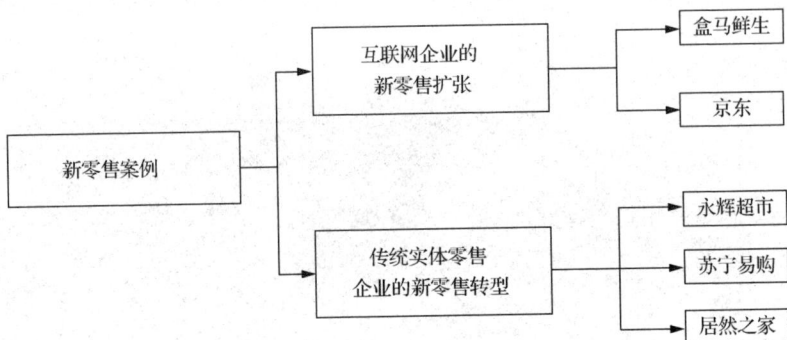

案例引入

　　新零售并非凭空出现，更非一时风潮。在新零售体系里，企业可以整合资源，同样也可以被其他企业整合，关键在于企业如何选择并搭建其新零售业务的运营体系，是依靠第三方运营平台，还是搭建属于自己的全新运营体系。

　　目前新零售模式的参与者主要包括3类：一是互联网企业，二是传统实体零售企业，三是新兴创业公司。互联网企业以阿里巴巴、京东等为代表，通过线上、线下和物流方面的布局，诞生了盒马鲜生、京东便利店等模式；传统实体零售企业通过全渠道数字化模式、大数据运用、去百货化及与互联网企业的战略合作向新零售转型，代表企业有永辉超市、苏宁易购、居然之家等；新兴创业公司的典型企业有每日优鲜、缤果盒子等，如图6-1所示。

图6-1　新零售模式的参与者

　　为了更好地理解新零售的本质，本章主要聚焦互联网企业和传统实体零售企业两类新零售参与者，选取典型企业，通过逐一分析典型企业的新零售运营模式，从而帮助读者更好地理解新零售相关知识。

开动脑筋：

1. 新零售模式的参与者主要有哪些类型？
2. 再列举一些探索新零售模式的企业，并分析其属于何种参与者。

6.1　盒马鲜生

盒马鲜生是阿里巴巴集团旗下的自营生鲜类商超，也是其支付宝会员店。盒马鲜生是对线下超市完全重构的新零售模式，是以数据和技术驱动的新零售平台。盒马鲜生希望为消费者打造社区化的一站式新零售体验中心，用科技带给消费者"鲜美生活"。

6.1.1　盒马鲜生简介

盒马鲜生被称为阿里巴巴新零售的探路者。从表面上看，盒马鲜生是选取"生鲜"高频消费品为切入点的一家超市，经营品类包含水果蔬菜、肉禽蛋品、海鲜水产、熟食料理、食品酒饮、粮油调味、日化百货等，能满足消费者日常生活一站式购物需求，但是超市后面还"隐藏"着一个物流配送中心，支持线上销售。其核心逻辑是"仓店一体"，既是一个超市的门店，又是电商的线下仓库，盒马鲜生会员店如图6-2所示。

图6-2　盒马鲜生会员店

2016年1月，盒马鲜生在上海金桥广场开设了第一家门店，面积达4500平方米，经过短短几年时间的发展，根据中国连锁经营协会发布的"2018中国快速消费品（超市/便利店）百强"榜单显示，阿里巴巴旗下盒马鲜生以140亿元的年销售额和149家门店数量位居"2018中国快速消费品（超市/便利店）百强"第18位，如图6-3所示。根据盒马鲜生官网发布的门店信息显示，截至2019年9月，盒马鲜生已入驻21个城市，共开设154家门店，具体城市分布及门店数量如图6-4所示。

　　盒马鲜生通过实时更新的电子价签保证了线下与线上商品的价格统一，又透露出盒马鲜生是有着强烈互联网基因的企业。同时，门店内的餐饮区可以给消费者提供到店的体验感，消费者产生信任后，盒马鲜生又能将多数快消品通过 App 实现线上销售。超市、仓库、线上便是阿里巴巴对线下超市完全重构的新零售模式，盒马鲜生 App 如图 6-5 所示。

序号	企业名称	2018销售（含税万元）	销售增长率（%）	2018门店总数（个）	门店增长率（%）	备注
1	华润万家有限公司	10125379	-2.3%	3192	0.9%	①★
2	康成投资（中国）有限公司（大润发）	9590000	0.5%	407	6.3%	★
3	沃尔玛(中国)投资有限公司	8048950	0.3%	441	0.0%	②★
4	永辉超市股份有限公司	*7676773	17.4%	1275	58.2%	★
5	中石化易捷销售有限公司	6200000	19.0%	27259	5.8%	★
6	联华超市股份有限公司	4922938	-2.9%	3371	-1.5%	★
7	家乐福（中国）管理咨询服务有限公司	4746375	-4.7%	302	-5.9%	③★
8	物美科技集团有限公司（快消部分）	3764512	1.7%	876	10.9%	★
9	中国石油销售公司（昆仑好客）	2450000	28.9%	19700	3.7%	★
10	屈臣氏中国	2341500	10.3%	3608	10.3%	★
11	家家悦控股集团股份有限公司（快消部分）	2278457	3.6%	584	9.4%	★
12	步步高集团（快消部分）	2250765	7.4%	576	7.1%	★
13	中百仓储超市有限公司	2204936	0.1%	183	5.2%	★
14	锦江麦德龙现购自运有限公司	2130000	4.9%	94	2.2%	★
15	世纪华联超市连锁（江苏）有限公司	1798001	15.0%	4269	7.2%	★
16	东莞市糖酒集团美宜佳便利店有限公司	1680912	37.3%	15559	33.5%	★
17	供销大集集团股份有限公司	*1534346	-46.6%	235	-11.7%	★
18	上海盒马网络科技有限公司（盒马鲜生）	*1400000	300.0%	149	396.7%	★

图6-3　"2018中国快速消费品（超市/便利店）百强"第18位

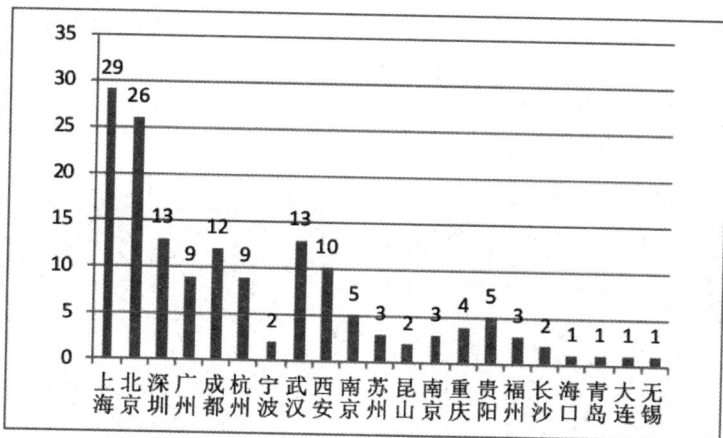

图6-4 盒马鲜生全国门店分布及数量

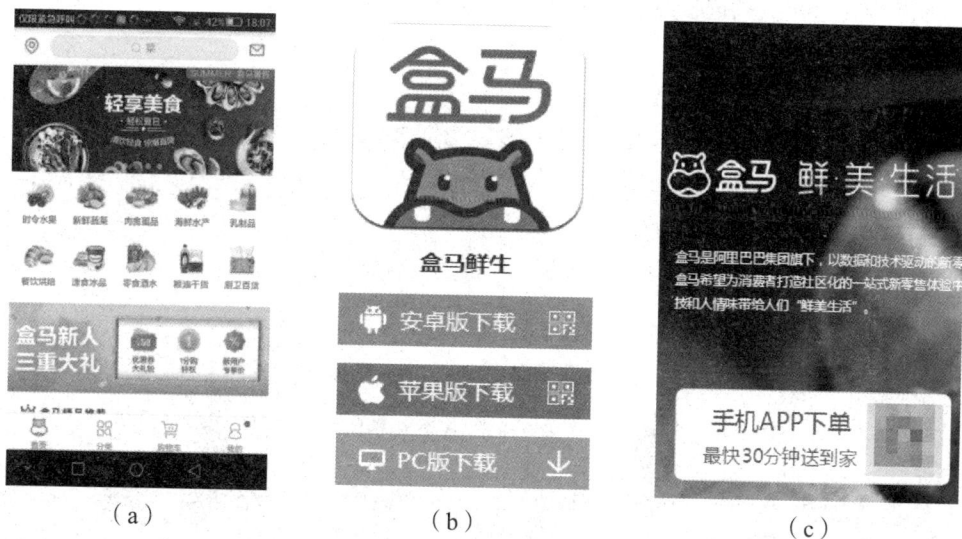

（a） （b） （c）

图6-5 盒马鲜生App

6.1.2 盒马鲜生新零售运营模式分析

1. 线下搭建"零售+餐饮"消费场景

"零售+餐饮"的线下消费场景是盒马鲜生的一大特色。盒马鲜生坚持"新鲜每一刻、所想即所得、一站式购物、让吃变得快乐、让做饭变成娱乐"的经营理念，重构商品结构，使商品整体品类组合更加扁平化，追求不仅仅为消费者提供简单的商品，而是提供一种生活方式的经营理念，实现"零售+餐饮"的融合。

盒马鲜生线下店的布局是在线下卖场内引入餐饮区域的模式，一方面为消费者提供了就餐的便利性，同时延长了消费者在店内的停留时间，增强消费者黏性；另一方面，餐饮的高毛利率也可改善盒马鲜生零售的盈利结构。生鲜商品作为盒马鲜生的主打商品，盒马鲜生也配备了海鲜代加工服务，方便消费者在店内享用最新鲜的美食，同时也提升了转化率。具体制作流程为：消费者在海鲜档口选好海鲜，称重付款，凭小票和实物至烧烤吧，加工区确认小票收取加工费后厨房加工，消费者领取叫号器，叫餐后凭小票取餐。盒马鲜生餐饮加工区和就餐区如图6-6所示。

（a）　　　　　　　　　　　　（b）

图6-6　盒马鲜生餐饮加工区和就餐区

盒马鲜生选择"零售＋餐饮"的模式不仅为消费者带来了新颖的新零售体验，同时在业内开创了生鲜产业的新零售模式。

2．线上线下融合并行发展

盒马鲜生的运营模式是通过线下体验店覆盖，消费者线上 App 下单，实现线上、线下真正融合互通，盒马鲜生核心业务流程如图6-7所示。

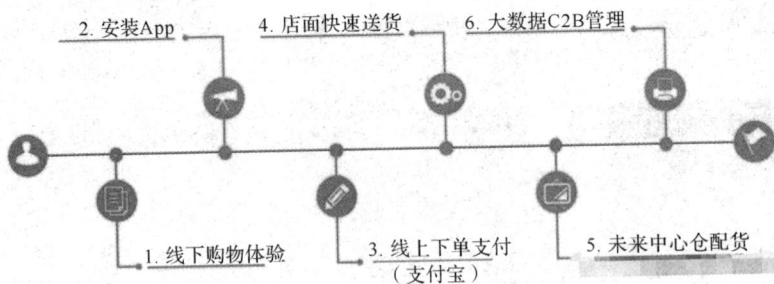

图6-7　盒马鲜生核心业务流程

（1）线下卖场承载消费体验功能

盒马鲜生的线下卖场能够使消费者快速建立品牌认知，在实现低成本物流的同时，也建立了线上生鲜商品冷藏配送基地，成为线上消费的前置仓，实现高效的物流运转和配送。

（2）线上下单打造全渠道营销

到盒马鲜生门店的消费者会被门店服务员指导安装盒马鲜生 App，门店服务员会引导线下消费者线上下单，实现线下体验线上下单的闭环消费模式。为了扫清线上、线下对接的阻碍，盒马鲜生通过电子标签等手段将线上、线下销售的商品统一管理，包括所有商品的变价和库存等信息，在适应全渠道营销的同时，形成了线上线下消费的完整闭环。

因此，在线上线下融合并行发展背景下，消费者想购买盒马鲜生的商品，可以选择多种模式，主要包括"到店下单、送货上门""手机 App 下单，送货上门""线上下单，门店自提""直接到门店购买"4 种。

盒马鲜生能够实现线上线下信息的打通，离不开电子价签的应用，如图 6-8 所示。通过电子价签系统，盒马鲜生实现了线下线上销售的商品一致，价格同步。消费者可以放心在线上下单，不用再到线下看商品。或者线下直接购买，而不用再到线上查价。

一方面，电子价签提供了品名、价格、单位、规格、等级、产地等传统纸质价签提供的商品信息及对应条形码，消费者通过盒马鲜生 App 扫码了解商品信息并加入移动端购物车；另一方面，盒马鲜生主打水产、蔬菜、瓜果等生鲜商品，生鲜是一个价格变动相对频繁的品类，在应用了电子价签后，店员只需在后台更新价格，便能完成盒马鲜生 App 和实体店内商品价格的同步调整。

图6-8 盒马鲜生电子价签

3．基于支付宝构建消费闭环

在支付层面，盒马鲜生不接受现金付款，只接受支付宝结账。消费者到店消费时，门店服务员就会指导消费者安装盒马鲜生的 App，消费者到门店消费必须成为会员，结账时必须通过 App 或支付宝支付。不能使用现金，这也是盒马鲜生的特色之一。

盒马鲜生要求消费者只能用支付宝付款，主要有以下几点考虑：一是有利于收集线上和线下下单消费者的所有消费数据；二是通过门店服务员引导消费者安装盒马鲜生 App 及支付宝 App，可以将线下客流吸引到线上，刺激消费者产生消费黏性；三是支付宝收银系统和其电子价签系统及后端的物流配送系统可以轻松打通，有利于盒马鲜生进一步开展模式优化，实现完整的商务电子化。

另外，盒马鲜生要求消费者统一采用支付宝付款，一方面能够将线上的消费者通过支付宝转化为自身的会员；另一方面也可能将线下消费者发展为支付宝用户。

4．基于大数据开展店铺选址和精准营销

店铺周围 3 千米，是盒马鲜生可以最大限度搜寻目标消费者的范围。盒马鲜生对于

选址有自己的考量标准，会借鉴手机淘宝和支付宝的用户数据，了解目标消费者的消费者画像及线上购物活跃度，盒马鲜生以周边支付宝的活跃用户数量及用户购买力来决定选址，从一定程度上打破了固有商业选址模式。例如，成都的盒马鲜生首店开在红牌楼区域，而不是传统意义上的春熙商圈，就是因为淘宝系的数据表明红牌楼区域的网购消费者的数量很大、客单价也高。

盒马鲜生对于整个生鲜市场的把控，之所以能够做到面面俱到，并且高效运作，正是得益于大数据的帮助。例如，当某一款海鲜商品出现断货或者需要进行新鲜鉴定的时候，盒马鲜生通过大数据系统就可以提前知道，这样一来备货人员就可以及时对这一个货架的商品进行更换或是补给，高效的运作可以避免新鲜商品出现滞销货过期的问题，确保商品的新鲜程度。此外，在大数据的支撑下，运营人员还可以根据消费者的消费行为及习惯，决定哪一款商品需要加大供应力度，哪一款商品需要调整促销策略等，清晰的数据可以反映出更多的问题，能够帮助盒马鲜生更好地运营和发展。

盒马鲜生所代表的新零售从表面看只是线上、线下的结合，实际上是一套复杂的台前、幕后融合系统，上至供应链，下至消费者，都与大数据有着千丝万缕的联系。盒马鲜生通过数据掌握消费者需求，反向驱动商品采购、中央厨房、加工中心、配送等环节的精准供应和流通效率，最终实现 3 千米范围内 30 分钟免费送达的智能物流体验。这是一套颠覆传统零售的运营体系。

5. 全自动物流模式提升配送效率

为了完成线上订单"3 千米范围，30 分钟送达"的承诺，据悉盒马鲜生从接单到装箱开始配送仅需 10 分钟左右。为此，盒马鲜生门店采用了全自动物流模式，从前端体验店拣货到后库装箱，都由物流带传送。盒马鲜生门店内顶上安装的不是华丽的吊灯，而是传送滑道，这也是门店一道别致的风景，如图 6-9 所示，传送带不停歇地运转着，它连接着商品陈列区和后仓，用于快速传送消费者线上 App 订购的商品。一旦接收到线上订单，盒马鲜生工作人员立即使用专用拣货袋开始拣货，完成后通过滑道输送到下一名工作人员，依次拣货完成后，传送到后仓进行打包和配送。

图6-9　盒马鲜生店内的传送滑道

　　线上订单具体的配送流程为：系统接收到线上订单后，拣货员根据移动手持终端（Personal Digital Assistant，PDA）显示订单，前往零售区或仓储区拣货，放入专用拣货袋，将拣货袋放至传送起点，通过自动传输系统把商品传送到后台300多平方米的合流区，后台人员将拣货袋装入专用的配送箱，用垂直升降系统送到一楼出货。

　　移动手持终端PDA上共有收货、退货、上架、盘点、移库、打包、复核等多项功能，涵盖了从存货管理、拣货到配送的方方面面。接到订单后，PDA会显示订单中每一个物品的货位、名称、编号、应拣数量、待拣数量等信息。拣货员接到订单后提取拣货袋，首先用PDA扫描拣货袋上的编号，确保订单在后续配送中可追踪。每找到一个商品后，拣货员用PDA扫描商品条形码，完成单个商品的拣货。盒马鲜生自动化配送流程如图6-10所示。

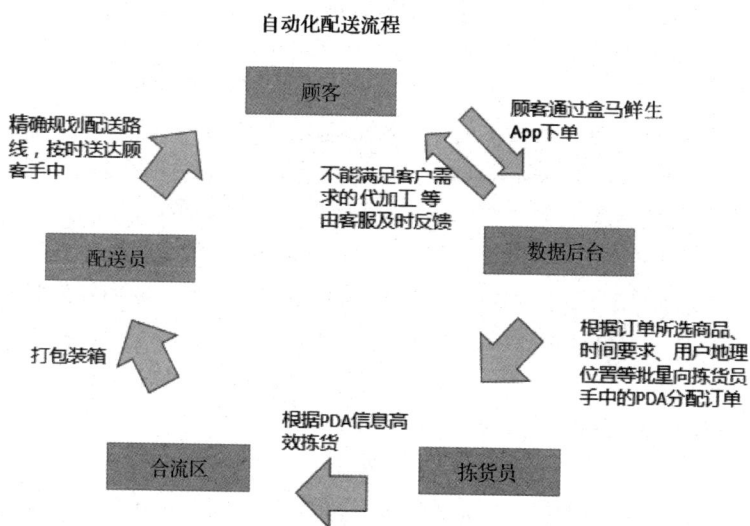

图6-10　盒马鲜生自动化配送流程

6．供应链重构和资源充分利用

　　生鲜市场对供应链的要求非常高。盒马鲜生有专业的供应链团队，门店开到哪儿，就和当地的供应商建立联盟，甚至直接组织农户进行生产。盒马鲜生从生产基地采购生鲜的同时，还将大部分生鲜在第一个环节就做好包装，从而避免了在运输过程中因门店运营和消费者挑选等环节中带来的损耗。盒马鲜生将这些上游供应链整合的获益都反映在商品的价格上，让生鲜商品获得了更好的性价比，既新鲜又好吃。例如，日日鲜系列是盒马鲜生去基地直接采购，并且在种植区域附近的生产车间实现冷链温控和预包装等，保证从蔬菜收割到门店上架控制在18小时以内。例如，上海光明食品集团与盒马鲜生达成了合作，上海光明食品集团的乳制品、肉制品、有机米、海狮油、农场蔬菜水果、意大利橄榄油、英国维多麦等品牌食品也逐步进入盒马鲜生体验店及线上平台。

　　另外，盒马鲜生还充分利用大数据平台，通过深度挖掘消费者数据，将数据不断沉淀，反向导入平台化体系，进而分析数据与数据之间的交叉网点，去理解消费者的具体诉求，利用前端的销售数据去影响后端的供应链生产，并有效控制成本。盒马鲜生通过供应链前移，给供货商进行有效的赋能，不断优化了流程，减少了中间环节，降低了损耗和成本，更重要的是保证了商品鲜度、商品品质和食品安全。

6.1.3 盒马鲜生新零售业务总结及发展展望

1．盒马鲜生运营总结

（1）线上线下充分融合

盒马鲜生以实体店为核心，融入互联网基因，采用"线上电商＋线下门店"的经营模式，门店承载的功能较传统零售进一步增加，集"生鲜超市＋餐饮体验＋线上业务"三大功能为一体。经营特征上实现了控货和数据获取（仅支持支付宝支付），采用了新技术提升效率，属于典型的新零售企业。

盒马鲜生以"零售＋餐饮"的线下卖场为特色，将生鲜零售和餐饮有机结合，将购物环节体验进行延伸，将自营餐饮和外包餐饮结合，并尝试向外卖等多种模式延伸。盒马鲜生线上下单和线下体验融合，到家与到店模式有效互补，打通全渠道营销。

（2）技术和供应链优势明显

盒马鲜生利用支付宝构建消费闭环，数字化后台系统实现自动分拣智能物流及仓储管理的自动化，应用电子价签实现了线下线上销售的商品一致。在商品采购方面，盒马鲜生以专业团队进行全球产地直采，实现优势低价，和门店所在地供应商建立联盟，对供应链充分赋能。

2．盒马鲜生发展展望

（1）构建分层运营体系，对标不同消费群体

构建分层运营体系就是按照零售业的定位理论，针对不同的商圈、不同的收入水平的消费者去开发不同版本的店。未来，盒马鲜生将构建"盒马鲜生—盒马菜市—盒马mini店—盒马小店—盒马F2便利店—盒马小站"等，在不同的商圈迎合不同的消费群体。未来的盒马鲜生是全系列的，并将进驻各个城市。

（2）自建商品基地打造核心优势，重构供应链链路

为了做好商品品质，盒马鲜生重构了整个供应链（采摘—包装—运输—门店销售），保证链路最短。盒马鲜生未来将在全球建立自己的种植基地、养殖基地、捕捞基地，建立强大的供应链体系。盒马鲜生在建立之初就建立常温／冷链物流中心、加工中心、蔬菜水果加工中心、中央厨房、活海鲜的圈养中心等。

（3）不断融入新技术，进一步提升运营效率

在提升门店营运效率方面，盒马鲜生构建了一个完全基于AI的门店管理系统，从而实现了门店全数字化作业。每个门店员工配一个PDA手持终端，该终端开发了钉钉功能，所有日常管理下发、文件下发及平时开会、交流、沟通全部在终端解决。盒马鲜生在未来将进一步通过技术改造来提高运营效率。

6.2 京东

京东于 2004 年正式涉足电商领域，2019 年京东集团市场交易额超过 2 万亿元。2019 年 7 月，京东集团第四次入榜《财富》全球 500 强，位列第 139 位，是我国线上线下较大的零售集团。京东集团定位于"以供应链为基础的技术与服务企业"，目前业务已涉及零售、数字科技、物流、技术服务、健康、保险、物流地产、云计算、AI 和海外等领域，其中核心业务为零售、数字科技、物流、技术服务四大板块。

6.2.1 京东新零售起源

自 2016 年马云提出新零售概念以来，新零售成为我国互联网及零售行业的一股热潮。京东于 2017 年提出了"无界零售"的概念，致力于将零售的基础设施变得可塑化、智能化和协同化，推动"无界零售"时代的到来，实现成本、效率、体验的升级。

京东主张的无界零售是要打破传统零售业被动销售的局面。传统零售业是一个低效率的被动销售行业，通常是商家有什么，消费者买什么。京东提出的无界零售化被动为主动，即消费者需要什么，商家就卖什么，或者推荐适合消费者的商品，即所谓的智能零售。2017 年 8 月 10 日，京东与百度宣布达成全面战略合作，推出"京度计划"。这次合作内容主要包括 3 个方面：一是京东在手机百度的 App 内开设一级购物入口"京东特供"；二是百度庞大的商品矩阵和消费者群体所产生的数据池，与京东的电商数据深度合作，帮助京东、京东的品牌合作伙伴、京东平台上的商家实现精准广告投放；三是通过导购分佣等模式展开内容电商合作，提升内容变现能力。2019 年 4 月，腾讯与京东再度携手发声，共同发布京腾计划 3.0 营销解决方案。京东将利用百度和腾讯强大的消费者数据作为支撑，充分挖掘消费者习惯和需求，最后达到无界零售的目标。

6.2.2 京东新零售布局

为顺应消费升级的大潮流，京东一方面继续强化物流体系，自营物流京东到家与众包物流平台"达达"合并；另一方面入股永辉超市，与沃尔玛达成战略合作等，为京东提供强有力的供应链保障。京东依托多年来在电商、物流和供应链等方面的独特优势，以"京东到家、京东之家和京东便利店"等为依托布局新零售，如图 6-11 所示，在为消费者带来智能便捷购物新体验的同时，也为未来零售模式

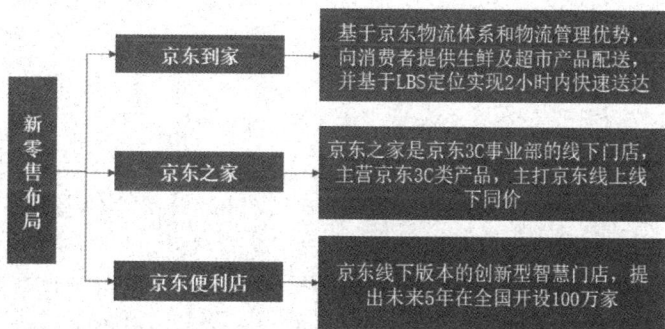

图6-11 京东的新零售布局

转型加码助力。

6.2.3 京东之家

京东之家是京东线下服务的载体和体验店。京东之家的商品以手机、电脑、数码等3C 品类为主，这是京东一直以来较具优势的商品品类。部分京东之家还搭配了小家电、图书、母婴、化妆品等品类。京东之家主打京东线上线下同价，消费者以线上的价格可以买到线下的商品。2016 年 11 月 10 日，国内首家"京东之家"在长沙平和堂开业。京东之家门店如图 6-12 所示。

（a）　　　　　　　　　　　　　　（b）

图6-12　京东之家门店

1．大数据助力线上线下融合

京东之家的主要目标消费者群体为"80 后"和"90 后"，这类目标消费者群体有自己独特的消费需求和消费升级的需要。因此，京东之家选品时格外强调"科技"和"时尚"，强调新品和热品。京东利用线上平台的大数据，筛选出线上销量和好评度都很高的商品。京东之家积极拓展线下会员，打通线上和线下会员体系。线下消费者只要关注京东之家的微信公众号就能快速注册会员，登录和查看会员信息，无须下载京东商城 App。线上会员拥有的权益，线下消费者同样也能享受。此外，京东之家在线下推出更多人性化、定制化、能够直接触达消费者权益的商品。京东之家微信公众号如图 6-13 所示。

京东之家研发了一整套针对门店的大数据分析应用商品，通过设置一些数据分析框架，如门店流量的监测、消费者标签、门店热力图分析，门店选址评分系统、店内商品与周边消费者的匹配程度等，帮助门店进行更高效、精准的运营。

门店流量的监测包括进店人数、店前经过人数，从而帮助门店了解转化率是多少。消费者标签则是门店对消费者进行画像，如消费者的年龄、性别、是否是京东会员等。门店热力图可以清晰地展现哪个区域消费者停留的人数较多、时间较久，基于此，京东之家就可以挑选一些爆款商品放置在热点区域。

京东之家店内的一些重点货架上都安置了一个小的摄像头，它能识别每个货架前真正来了多少消费者，如果一位消费者在这个区域停留 15 秒以上，说明其有购买意向，系统就可以提示店员去接待这位消费者。

（a） （b）

图6-13 京东之家微信公众号

2. 新技术助力会员识别

位于北京通州万达店的京东之家引入了会员人脸录入系统，消费者第一次进入京东之家时，系统会通过摄像头记录下消费者头像照片，消费者通过扫描二维码点击确认后，就能瞬间完成在京东之家线下店的注册。下次进店时，消费者的"脸"就成了"会员卡"，可以被摄像头自动识别。门口的屏幕上会推荐消费者可能感兴趣的商品，并冒出"工作狂""科技发烧友""爱深夜购物""居家能手"等与消费者相对应的特征词，方便店员帮助消费者选购心仪的商品。该系统还可以分析每一位消费者的兴趣关注和场景停留时间，京东之家通过行为数据分析来进行商品的二次迭代。

3. 场景式商品陈列营造更好的消费者体验

从线上延伸到线下，京东之家需要面对的除了消费者兴趣的偏差和有限陈列空间的束缚外，还有商品的陈列及门店的整体设计。这些对线下零售来说都是至关重要的环节。京东之家在商品陈列上做了许多创新，打造了独特的场景式、多层次商品陈列方式。例如，在书房的场景中，书桌上摆放了电脑、鼠标、台灯和小音箱等商品；旅游场景的货架上则摆放了拍立得、小型加湿器、自拍杆等商品。

传统 3C 店面采用的是平面式的陈列，京东之家的陈列则更有层次感。多层次陈列的目的也是把一些相关的商品进行融合，如手机和安全摄像头，消费者走到手机前时就能从手机里看到自己的影像，因为手机和安全摄像头是联动的。京东之家商品陈列效果如图 6-14 所示。

图6-14　京东之家商品陈列效果

6.2.4　京东便利店

2017年4月10日，京东提出"京东便利店"计划。京东便利店并非传统意义上的便利店形态，是属于京东线下的一家创新型智能店，借力京东的商业理念，为消费者提供高质量的商品。京东便利店采用"京东便利店"的统一标志和统一形象，如图6-15所示。京东便利店是京东线下的创新综合体，除了提供优质商品外，京东还同时输出品牌、模式和管理，在"知人、知货、知场"的基础上，重构零售的成本、效率和体验。京东便利店会充分考虑到周围消费者的需要，让来店购物的消费者总能买到称心适用的商品。店里的陈设人性化，综合考虑了商品的分类和消费者的动线，让消费者不用在货架间兜兜转转地寻找，就能快速找到自己需要的商品。

京东便利店的目标是为全国中小门店提供正品行货，为品牌商打造透明、可控、高效的新通路，未来五年打造百万家线下智慧门店。京东便利店的业务特点如图6-16所示。

图6-15　"京东便利店"的统一标志和统一形象

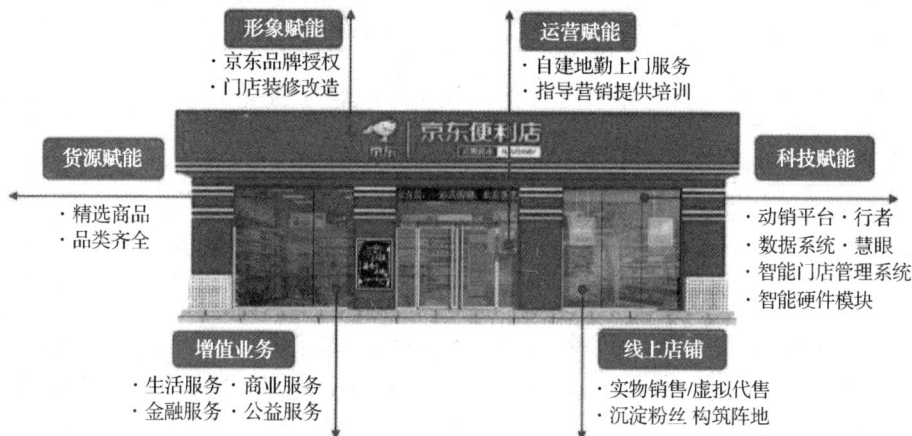

图6-16 京东便利店的业务特点

1.形象赋能

京东的品牌与标志带给京东便利店品牌升级感的同时,也是给优质门店的背书。京东便利店对于门店的红线是不允许出现假冒伪劣商品,并逐步培养其在京东B2B订货平台"掌柜宝"上进货的习惯。在费用上,京东便利店免去门店加盟费、培训费、管理费等科目,只保留质保金,用来督促店主保证正规、合法、持续地经营,从而保障消费者合法权益。京东便利店的品牌形象如图6-17所示。

图6-17 京东便利店的品牌形象

2.科技赋能

京东利用大数据武装零售基础设施,打造智能消费、智能供应和智能运营,并且布局了一系列数字化系统,包括慧眼大数据系统、行者动销平台、地勤管理系统、门店标签系统、智能门店管理系统及京东便利GO小程序等。

京东便利店的上游供货平台京东"掌柜宝"在B2B行业中率先实现"千店千面"。"千店千面"基于京东 AI 算法体系，根据每一位零售终端消费者的店铺标签和每一个 SKU 的商品标签，精准匹配相应的专属个性化 App 界面，帮助京东便利店快速找到最合适、最赚钱的商品，让店铺拥有一位比自己更懂自己的专属 AI 业务经理。

京东便利店内安装集商品管理、消费者管理和营销服务于一体的智能门店管理系统。该系统利用大数据优势进行智能补货和智能上货，根据消费者画像给予门店智能补货、智能选品的支持，并与京东便利 GO 小程序打通，如图 6-18 所示，实现线上和线下数据、会员、库存一体化管理，店主通过一部手机实现管货、管钱、管消费者。

3．增值业务

京东便利店用增值服务（如代收包裹、虚拟代售、生活缴费、号卡服务、京东维修、文印服务等）优化小店的管理，帮助店主多元经营、扩充利润，增加便利店与消费者的互动及消费者的黏性。

6.2.5　京东新零售业务总结及发展展望

基于上述分析，京东新零售业务将继续利用京东自身积累的技术和资源优势加速发展，在未来将扮演重要的"连接者"角色。

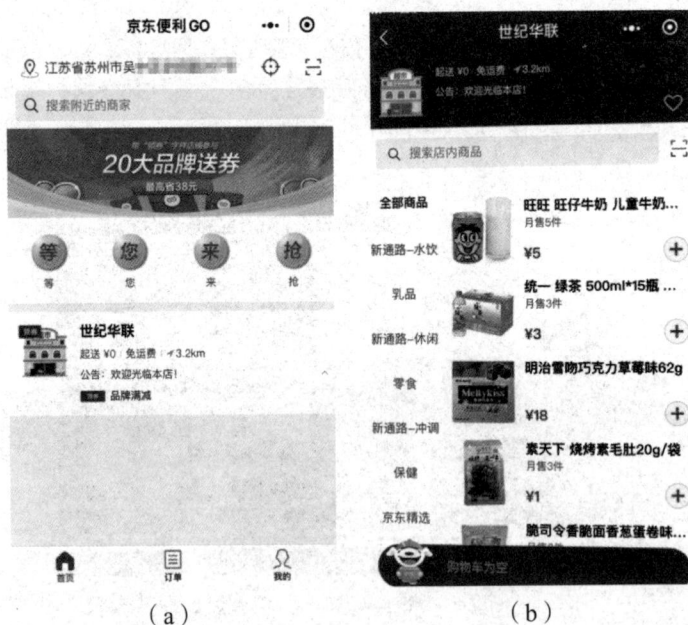

图6-18　京东便利GO小程序

1．京东新零售运营总结

（1）与传统零售商深度合作提升供应链效率

无论是新零售还是无界零售的到来，线上线下的各场景深度融合不可避免。京东和很多零售商正在合作。京东与中石化合作开设了 30000 家智能门店、与沃尔玛深度合作、与毅德控股合作打造无界商贸城，还有京东的无人超市、百万便利店等项目也在强化和线下实体店的合作。在京东与沃尔玛的合作中，京东通过打通库存和 SKU 数据，卖的不仅仅是京东自己的商品，也是沃尔玛的商品，整个供应链的效率得到大大提升。

（2）打造时空无限的消费场景

场景无限即消除空间的边界，零售场景是无处不在、无所不联的。零售场景与生活场景之间的界线变得越来越模糊，消费者不用非要去特定的店铺或上特定的网站才能购物。物联网将一切连接在一起，购物可以发生在任何地方：电商平台、在线媒体、线下店、社区中心、无人车、智能硬件、路边广告牌上的二维码等，零售的场景会变得无处不在。京东的百万便利店计划、叮咚音箱与智能冰箱等的相继推出都是对未来无限场景的探索。京东通过"京 X 计划"与腾讯、百度、今日头条、爱奇艺、360 等达成合作，使消费者在社交娱乐、信息检索的过程中即可完成购物，让购物无时无刻、无缝切换成为可能。

2．京东新零售发展展望

未来，京东将扮演企业和消费者之间的"连接者"。京东致力于对消费端沉淀下来的数据进行整合分析，优化供应端的商品设计、生产计划、供应链活动等。京东通过 AI 算法与大数据的集成，向供应商提升"慧品牌""慧商家""慧供应"等模块，支持其研究消费者、选品、预测销售、智能补货等一系列活动。在新零售时代，京东扮演企业和消费者之间的"连接者"，通过将消费者的行为偏好数据传递到企业端，从而帮助企业生产更符合消费者需求的商品；通过消费者的评论、建议和互动数据，企业可以使消费者参与到企业的商品设计中，生产与消费的界线被彻底打破。

6.3 永辉超市

永辉超市于 2001 年在福建省福州市成立，是我国首批将生鲜农商品引进现代超市的企业之一，是国家级"流通"和"农业产业化"双龙头企业，是我国 500 强企业之一。2010 年，永辉超市在上海证券交易所上市，截至 2019 年年底，永辉超市门店数量达到900 家（不包含永辉 mini 店），在全国范围内的门店经营面积已超过 600 万平方米。从中小型区域商超品牌成长为零售龙头企业。新零售时期，永辉超市先后推出"永辉生活""超级物种"等创新品牌，成为传统零售企业进行新零售转型的探路者和引导者。

6.3.1 永辉超市新零售布局

1．线下实体店布局

永辉超市以永辉云超平台进行线下实体店布局，现有的实体店包括红标店、绿标店、Bravo 精标店、会员店、超级物种店和 mini 店等多种模式。传统红标店（见图 6-19）针对大众平民消费者，以商品种类丰富、质优价廉的大卖场为特色；绿标店（见图 6-20）针对中端消费群体，以海量的进口商品和品牌商品、舒适的购物环境和体验为特色；Bravo 精标店针对中高端消费群体，以现代化的装修陈列、电子智能化的标签及结算系统、多元化的餐饮休闲服务为特色；会员店针对中高端社区消费者，以社区体验、线上线下结合和高效配送为特色；超级物种店针对中高端消费体验群体，以"零售＋餐饮"的多元化商品服务、丰富的消费场景为特色；mini 店以生鲜为主。

图6-19　永辉超市红标店

图6-20　永辉超市绿标店

超级物种店（见图 6-21）是永辉超市新零售创新的重要布局。2017 年 1 月 1 日，首家永辉超市超级物种店在福州开业，650 平方米的门店拥有 1000 多种单品，包括鲑鱼工坊、麦子工坊、盒牛工坊、波龙工坊、咏悦汇、生活厨房、健康生活有机馆、静候花开花艺馆 8 家铺面和 100 平方米左右的消费者用餐区。超级物种店以优质的商品、多样化的餐饮服务、现代舒适的购物空间、线上线下的融合机制成为永辉超市探索新零售的成功典型。

永辉 mini 店模式是永辉超市 2019 年上半年新推出的模式。永辉 mini 店以生鲜为主，是占地面积为 300 ～ 600 平方米的社区店，以大店为依托，子母店协同，且可用较轻模式（如小程序、拼团等）在店内嫁接一部分到家业务。2019 年上半年，永辉 mini 店共开业398 家，平均面积为 488 平方米，实现了 19 个省份 50 个城市的覆盖。一直以大型卖场为主要模式的永辉超市，通过小型店铺永辉 mini 店模式进行精细化布局，如图 6-22 所示。

图6-21 永辉超市超级物种店

图6-22 永辉mini店

2．线上平台布局

永辉超市以永辉云创平台进行线上平台布局，通过自营电商和第三方电商平台进行销售。

对于第三方电商平台，京东入股永辉超市，为双方新零售布局提供支撑，永辉超市通过京东平台为消费者提供安全高质、品类丰富的商品，支付结算由平台方京东负责。此外，京东为永辉超市提供平台流量整合功能、物流配送和售后服务。

对于自营电商，永辉生活 App（见图 6-23）覆盖永辉 Bravo 精标店、会员店、超级物种店三大线下门店，支持现金、银行卡、永辉在线会员卡和支付宝、微信第三方移动支付，同时永辉超市还自建短途物流配送体系。

永辉超市孵化的线上平台永辉买菜 App 已上线，在重庆、福州等城市测试。永辉买菜 App 的经营范围包括果蔬、肉蛋家禽、水商品、粮油、纸品、牛奶、面点、零食；永辉生活 App 的经营范围包括果蔬、肉蛋家禽、海鲜、粮油调味、零食、牛奶、酒水、面点、清洁用品。

　　永辉 mini 店以店仓的形式与永辉买菜 App 配合，同时根据不同品类为该平台设置独立的前置仓。永辉买菜 App 采用"标品生鲜＋便利店＋线上运营"的模式，如图 6-24 所示。

图6-23　永辉生活App

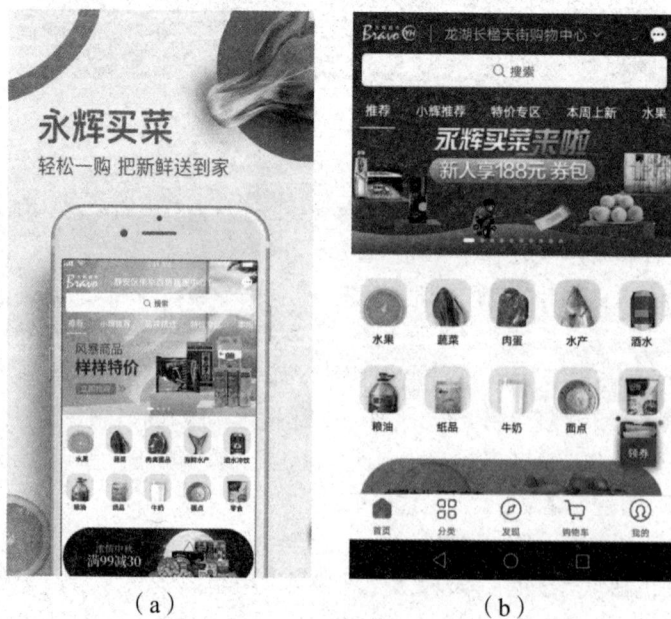

图6-24　永辉买菜App

6.3.2 永辉超市新零售业务分析

永辉超市的新零售业务发展除了应用技术使其在供应链大数据化、管理数据化等方面有所提升外，还依赖于它在发展过程中积累的采购、物流等供应链资源和运营、管理能力。

1．多样化的供应采购方式

一方面，永辉超市采用自建＋投资的方式，打造了大米、香蕉、苹果、柿子等多个种植基地和产业园，豆制品、熟食等生产加工厂，提供商品保障；另一方面，永辉超市采用全国统采、源头直采、农超对接、跨区域采购等方式，与中百集团联合采购，发挥规模优势，构建了600多人的专业生鲜直采团队，团队成员常年住在全国20余处农商品基地，形成了"超市＋农户""超市＋农业合作社""超市＋农业企业"的农超对接模式，从而获得商品品质和价格优势。

2．网络化的物流配送中心

永辉超市主营的生鲜商品保存条件苛刻、品类间差异大，因此对物流、储存、配送、保鲜等要求较高。永辉超市在长期的生鲜运营中积累了丰富的生鲜物流配送经验，构造了完善的网络化物流配送体系。目前，永辉超市拥有12个物流中心，包括3个全国性物流中心和9个区域性物流中心，配送区域的面积超26.8万平方米，总存储能力达550万件。

3．专业化的生鲜运营能力

生鲜类超市的运营管理需要大量的技术手段，如商品鲜度管理、分割定价、门店陈列等。目前，永辉超市在生鲜运营中广泛运用苏生处理、冷盐水处理、放热处理、强风预冷处理等技术，对猪肉等品类采用标准化分割技术，在门店设计和商品陈列中引入德国技术，从而减少商品损耗、提升消费者消费体验，增加商品销量和利润。

4．建立广泛的合作伙伴关系

永辉超市通过与其他企业建立广泛的合作伙伴关系增强了自身在生产、采购、物流、运营等领域的实力，构建了系统化的价值网络：与上海上蔬合作，获取生鲜生产供应价值；与贵州茅台、金枫酒业、新希望等合作，获得国内采购渠道；与中百集团合作，加强产业协同；与京东、腾讯合作，获得互联网端流量和技术支持。

6.3.3 永辉超市新零售商业模式创新启示

从永辉超市的新零售商业模式创新中，我们可以得到以下启示。

1．企业转型升级需紧跟时代发展

目前，以新零售为代表的消费升级已经成为必然趋势。永辉超市紧握时代脉搏，通过持续的商业模式创新，进行新零售战略布局，获得快速发展。传统零售企业必须顺应并抓住新零售这一时代发展契机，通过商业模式创新谋求长远的企业发展。

2．专注核心业务

永辉超市始终以生鲜食品为核心业务，通过整合内外部资源打造完整的生鲜食品产

业链，从而在细分市场中独占鳌头。传统零售企业在进行新零售转型的过程中，应当围绕核心业务或已有的优势资源和能力确定商业模式创新的领域和方式。

3．建立有效广泛的价值网络

新零售时代，行业的市场边界被打破，传统零售企业和互联网企业之间的竞争合作关系进一步强化。传统零售企业高鑫零售、三江购物、联华超市等通过与阿里巴巴集团合作，获得了互联网端的技术和流量等支持，实现了新零售转型的有益尝试。永辉超市通过与京东、腾讯等互联网企业的合作，构建了广泛的价值网络，从而在激烈的新零售竞争中脱颖而出。因此，传统零售企业在新零售转型时，应该进行准确的自我分析和市场定位，通过建立价值网络，实现企业间协同发展，从而获得更多的新零售转型助力。

6.4 苏宁易购

苏宁易购集团是中国领先的O2O智慧零售商，成立于1990年的苏宁易购，面对互联网、物联网、大数据时代，持续推进智慧零售和线上线下融合战略，全品类经营、全渠道运营、全球化拓展，开放物流云、数据云和金融云，通过门店端、PC端、移动端和家庭端的协同，为消费者提供无处不在的一站式服务体验。截至2018年年底，苏宁易购线下连锁网络覆盖海内外，拥有苏宁易购广场、苏宁云店、苏鲜生、苏宁红孩子、苏宁极物、苏宁汽车超市、苏宁易购直营店、苏宁小店等模式，自营创新互联网门店和网点超11000家，稳居国内线下连锁前列；苏宁易购线上通过自营、开放和跨平台运营，跻身中国B2C市场前三，且在主流电商中增速领先。

2018年，苏宁易购继续保持双线高增长的态势，同时聚焦物流、金融业务发展，构建全场景智慧零售生态系统，形成面向消费者的核心服务能力。

6.4.1 苏宁易购简介

苏宁易购从线下家电零售起家，并在2010年左右成为线下家店连锁龙头企业，到如今全渠道共同发展，苏宁易购的发展路径实现"批发到零售、区域到全国、线下到线上的智慧零售"的三级跳，其发展历程如图6-25所示。

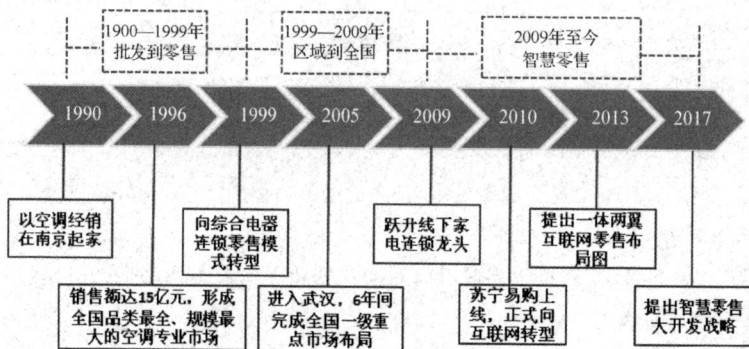

图6-25 苏宁易购的发展历程

2005 年，苏宁易购组建 B2C 部门，并上线苏宁电器网上商城，2013 年，苏宁易购提出"一体两翼互联网零售路线图"，率先打造 O2O 模式，实现双线同价，并更名为"苏宁云商"。此外，苏宁易购集团涉足地产、文创、体育、物流、金融、投资等多个领域，打造具备竞争力的零售生态圈。2017 年年底，苏宁易购提出智慧零售大开发战略，以智慧零售、新模式作为线下门店发展动力。目前，已建成零售行业中较完整的消费生态，形成了"大店、小店、专业店"不同类型的店面模式商品族群。

6.4.2 苏宁易购新零售布局

苏宁易购的新零售布局可以总结为"扩品类、扩渠道、全场景"，如图 6-26 所示。

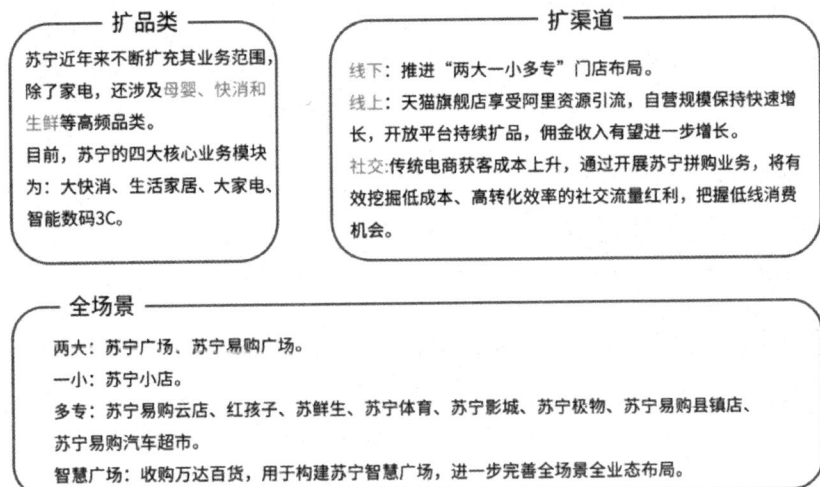

扩品类

苏宁近年来不断扩充其业务范围，除了家电，还涉及母婴、快消和生鲜等高频品类。

目前，苏宁的四大核心业务模块为：大快消、生活家居、大家电、智能数码3C。

扩渠道

线下：推进"两大一小多专"门店布局。

线上：天猫旗舰店享受阿里资源引流，自营规模保持快速增长，开放平台持续扩品，佣金收入有望进一步增长。

社交：传统电商获客成本上升，通过开展苏宁拼购业务，将有效挖掘低成本、高转化效率的社交流量红利，把握低线消费机会。

全场景

两大：苏宁广场、苏宁易购广场。

一小：苏宁小店。

多专：苏宁易购云店、红孩子、苏鲜生、苏宁体育、苏宁影城、苏宁极物、苏宁易购县镇店、苏宁易购汽车超市。

智慧广场：收购万达百货，用于构建苏宁智慧广场，进一步完善全场景全业态布局。

图6-26 苏宁易购的新零售布局

1．扩品类——组建四大业务模块重整零售业务

2012 年，苏宁易购在电器零售领域之外的投资逐渐活跃，为其发展新零售打下基础。苏宁易购早期以售卖传统家电和 3C 数码为主，近几年通过并购、投资完成各类商品的补充，已然发展成商业、物流、金融、文娱、商业地产的多重组合。2018 年年初，苏宁易购将其零售业务从 11 个事业部调整为大快消、生活家居、大家电、智能数码 3C 四大核心业务模块。

以苏宁易购的大快消核心业务模块为例，该业务范畴较广，不仅包括线上的苏宁超市、母婴红孩子、红孩子线下门店，还包括苏宁小店、无人货架这些线下的零售新物种。抛开丰富的模式看本质，会发现这些业务的共同点全部是围绕供应链业务展开，将多模式集中于一个业务范畴，是苏宁易购对供应链的融合布局。

2．扩渠道——全渠道扩张

（1）线下"两大一小多专"门店布局

"两大"即苏宁广场、苏宁易购广场，"一小"即苏宁小店，"多专"即苏宁易购云店、红孩子、苏鲜生、苏宁体育、苏宁影城、苏宁极物、苏宁易购县镇店、苏宁易购汽车超市等，这将是构成苏宁易购智慧零售场景互联的基础。

（2）线上自营规模快速增长，与阿里巴巴战略合作享受引流

苏宁易购零售体系注册会员数快速增长，截至 2019 年 6 月底，苏宁易购零售体系注册会员数量达 4.42 亿。移动端收入规模迅速提升，截至 2018 年 12 月，苏宁易购 App 订单数量占线上整体比例已达到 94.9%。

2016 年，阿里巴巴以 283 亿元认购苏宁易购 19.99% 的股份，双方开启战略合作，苏宁易购与阿里巴巴电商流量的重合度高。阿里巴巴旗下菜鸟物流联盟能与苏宁物流在数据、仓库、优化配送方案等方面形成协同，并助力苏宁易购开展物流布局。

（3）开展苏宁拼购，挖掘社交流量红利

苏宁易购发展特卖、拼购、海外购、优选等，以满足消费者的新需求，其中苏宁拼购是苏宁易购切入社交电商的重要支点，苏宁拼购原为 2016 年 7 月上线的"乐拼购"，主要经营家居、生鲜、小家电、食饮、服饰等类目的拼团业务，采用苏宁自营（包括与苏宁易购联营和拼购自主采购）和商家入驻两种模式。苏宁拼购拥有苏宁易购 App 一级入口，截至 2018 年 9 月，苏宁拼购共拥有 5000 万用户，其中 80% 来自苏宁易购 App，20% 来自微信小程序，活跃用户为 3700 万，次日留存率达 50%，平台商户为 13000 家，SKU 超 500 万。

3．全场景——打造多模式智慧零售场景

苏宁易购推出了"两大一小多专"来推动零售渠道发展，实现消费场景升级。不论是苏宁小店在社区品质的提升，还是增加云店及红孩子等店面的迭代升级，都让"两大一小多专"的商品族群引领苏宁易购走上另一个高峰。苏宁易购通过全新的科技化、智能化的商品来打破线上线下的界限，形成以用户为中心的场景化布局，完善了服务用户的生态链。

（1）苏宁小店

社区店是最靠近用户的商业形态，对用户触点最多，也最容易与用户产生交互，无疑将成为新零售发展的重要阵地。苏宁易购于 2016 年在南京推出直营模式的苏宁小店，面积为 80～200 平方米，配备独立 App，推进到家模式，满足用户购物、餐饮、本地生活服务等各类需求，解决"最后一公里"配送问题。苏宁小店（见图 6-27）于 2018 年 1 月在全国全面推开，以北京、上海、南京为重点，同年 8 月完成对迪亚中国 100% 的收购，截至 2019 年 6 月底，苏宁小店和迪亚天天自营店面合计 5368 家。

随着社区商业的演进及苏宁易购智慧零售体系的完善，苏宁小店与过去的便利店已经大不同。除了传统的仓储、物流、冷链、系统等零售基础设施，苏宁小店通过自身打造及外部连接，为用户提供更丰富、更优质的商品和服务，提高单店的获客能力和用户黏性。此外，苏宁小店也发挥线上线下双线运营的优势，提高苏宁易购零售体系整体的效率。

（a）

（b）

图6-27 苏宁小店

（2）苏宁小店新零售模式运营特点

① 针对不同场景的精准化运营

苏宁小店针对不同场景实行精准化运营，其中社区店主要面对家庭生活用户，侧重基础食品、蔬果、生鲜及非食日用品；中央商务区店主要面对办公室白领及有一定消费实力的中产用户，加强热食、生鲜和方便速食的配置，提高餐饮商品结构占比；大客流店主要针对地铁、学校和医院等场景，配置不同商品，并增设人脸识别、自助支付等智能工具，降低运营成本。通过不同规模、不同配置的苏宁小店，满足各类用户的需求。

② 基于大数据打通线上与线下交易场景

在线上，苏宁小店通过在 App 上设置虚拟货架，搭建对应的门店所具有的服务体系，用户可以通过移动端对商品进行选择，不仅能购买生鲜品、预定早餐等，还能购买家电、餐饮、快递、家政、共享设施、金融理财、休闲娱乐等多种商品。在线下，苏宁小店作为店内互联网工具，为用户提供门店自提、扫码购物服务。另外，苏宁小店在线下销售商品的同时，以其庞大的 6 亿会员大数据系统，能够精准记录用户的消费习惯。

在智能商业时代，用户越来越追求个性化、品质化。因此，苏宁小店打通线上线下，不是简单的线上线下相加，不论是线上还是线下，只要是在苏宁小店进行购物的用户，其消费特点、商品偏好、购买能力都会保存在苏宁云端，苏宁小店 App 后台通过对个体用户消费行为的数据分析，能够及时从数十万件商品中选择最可能符合用户需求的商品进行推送。苏宁小店依托苏宁大生态，以用户体验为导向，基于门店实体流量，线上线下精准化运营和智能化物流运营的智慧零售模式，从而给予用户越来越好的用户体验。苏宁小店 App 如图 6-28 所示。

作为苏宁易购智慧零售大开发战略的先锋，苏宁小店已经成为苏宁易购打造全渠道、全品类、全服务概念的线下零售新场景的典型代表。

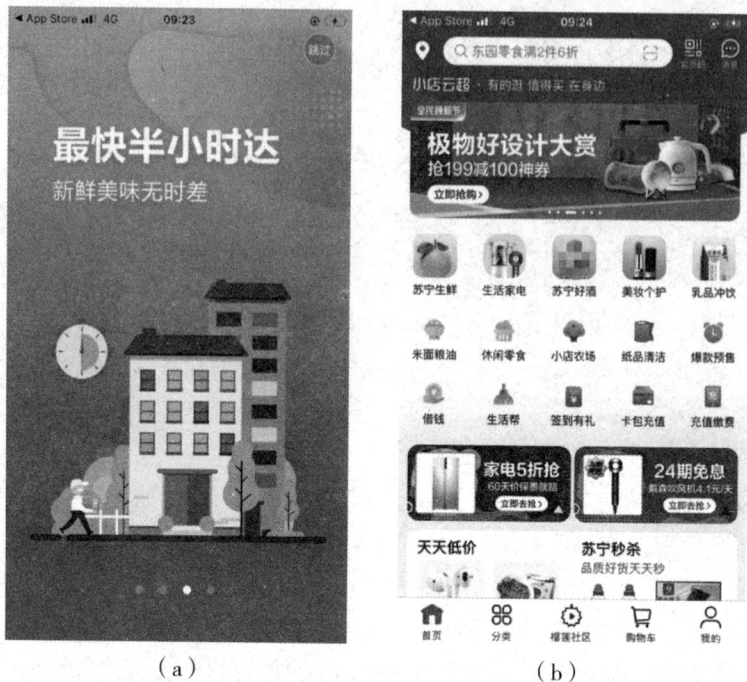

（a）　　　　　　　　　　　（b）

图6-28　苏宁小店App

6.4.3　苏宁易购新零售业务总结

1. 线上线下多渠道融合并行推进

苏宁易购在渠道建设方面，线上线下充分融合并行推进新零售业务。在线上，苏宁易购通过多平台融合了 PC 端、移动端及其他智能终端，为消费者打造实时、智能的消费者体验，不断深耕门户购物、垂直购物、本地购物以及社交购物的发展；在线下推进"两大一小多专"门店布局。苏宁易购的线下门店服务网络能够让商家避免缺货导致生意流失的尴尬，而且依附线下门店的优势，线下门店也兼具了货物配送点的功能，甚至还具备小型仓库的用途，可以说，苏宁易购直接将线下的资源优势发挥到极致，而消费者在线上下单之后也能够通过线下门店的配送在最短的时间内收到货物。

2. 多场景融合创造新的消费需求

出于对零售行业大环境的敏锐判断，苏宁易购将新零售的发展重点放在了"场景互联网＋智能供应链"上，着重开发以场景为切入点、布局消费者周边多模式场景体验为主的运营模式，形成线上多平台、线下场景多模式的互联网化、会员全面贯通的完整生态圈。

在智慧零售布局下，距离消费者不到 1 米的地方，有苏宁易购主站平台；距离消费者大概 500 米的写字楼内部、酒店内部、大型购物商场内部，苏宁布局了无人货架、智能货架、巡游机器人等；距离消费者约 3 千米的地方，则有苏宁小店、苏宁极物店、苏宁无人店、苏宁易购县镇店等满足不同人群所需的门店；距离消费者 3 千米外的地方，囊括了苏宁易购所有新科技应用模式和强调场景体验的苏宁易购广场、苏宁云店等。苏宁易购打造的智慧零售在场景互联时代显示出了强大的先发优势。

6.5　居然之家

6.5.1　居然之家新零售简介

北京居然之家家居新零售连锁集团有限公司（以下简称居然之家）由北京居然之家投资控股集团、阿里巴巴集团、泰康人寿保险集团等投资人共同投资设立，是以家居为主业，以大消费为平台，业务范围涵盖室内设计和装修、家具建材销售、智慧物流、商业会展、金融服务、院线餐饮、儿童娱乐、体育健身、数码智能、居家养老等领域的大型商业连锁集团公司。截至 2019 年年底，居然之家门店网络遍布全国 220 个城市，签约门店数量达到 660 家，累计开店数量达到 380 家，年销售总额超过 850 亿元，是我国家居行业龙头企业，也是我国商业流通领域的知名品牌。

2018 年 2 月 11 日，居然之家接受了来自阿里巴巴、泰康集团等的 130 亿元战略投资，之后在移动支付、智慧门店、线上支付等方面加深合作，通过合作共同建设线上线下一体的新零售经营格局。居然之家在阿里巴巴等资本的助力下，进行以实体门店为依托、以大数据为驱动力的商业模式变革，开展线上线下的高度融合，积极探索大消费领域的新零售模式，实现由物业驱动体到大数据驱动体转变，完成从"大家居"到"大消费"的转变。居然之家的新零售发展大事记如图 6-29 所示。

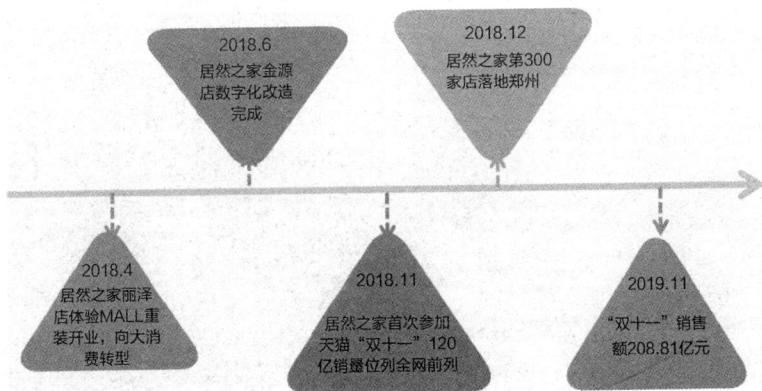

图6-29　居然之家的新零售发展大事记

6.5.2　居然之家新零售业务分析

1. 数字化升级改造实现精准营销

通过数据挖掘，居然之家实现了由粗放型营销向精准化营销的转变。居然之家通过大数据对于消费者的精准抓取、数字化对营销场景的营造为居然之家带来了新的流量。2018年"双十一"，居然之家首先利用数字化工具在全国27个城市的41个居然之家的智慧门店中找到了1980万户未来3个月会装修的家庭；其次，居然之家触达345万户家庭，并将其中83万户变成会员；最后，83万户会员中有33万会员并未下单，即表明未来3个月还有33万个精准的家居消费需求。在数字化的场景下，新零售意味着全新的消费者触达方式。

2019年"双十一"，居然之家强劲的增长动力引擎是实现数字化升级改造的110家新零售门店。5家线上同城站的参与是2019年居然之家征战"双十一"的最大变化。同城站是居然之家根据基于位置服务（Location-Based Service，LBS）技术，基于城市维度打造具有本地化特色的线上增量平台，2019年5月，首家同城站于北京上线，如今已成功复制到天津、重庆、郑州、武汉四个城市。在同城站，每个城市都拥有专属线上页面，本地商家持续向站内匹配爆款商品，所有商品实现明码实价、同款同价。消费者可以24小时在线浏览和购买本地卖场的商品，同时领取卖场权益、预约到店体验，享受本地化的新零售购物体验。居然之家官方数据显示，2019年"双十一"期间，5家同城站引导4万人到店，引导成交额为6亿元，实实在在地为居然之家带来了增量。居然之家线上同城店界面如图6-30所示。

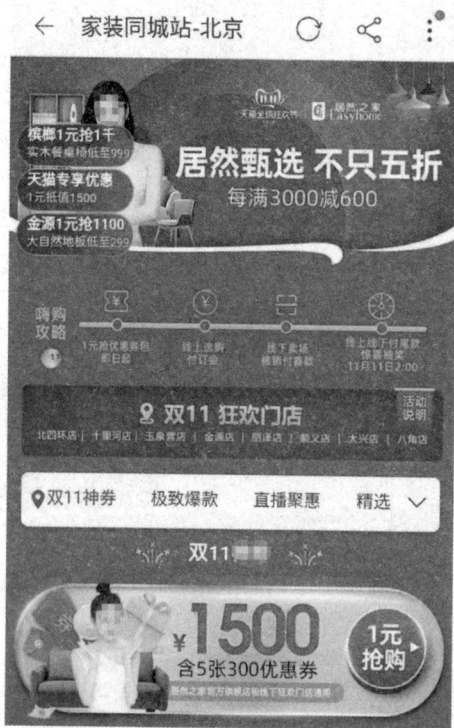

图6-30　居然之家线上同城站界面

线上数据统计显示，76.9万消费者参与2019年居然之家天猫"双十一"活动，居然之家新增数字化会员64万人。能够取得如此佳绩，自然离不开居然之家自身的积极探索。

2. 销售人员"变身"直播间导购

淘宝直播是当下火爆的带货利器，2019年"双十一"，居然之家力推"导购变直播"的营销方式。官方数据显示，2019年"双十一"期间，居然之家共有69家门店1800余家品牌参加直播，3500余名导购通过淘宝直播积极与线上消费者互动，累计直播1427场，直播的累计观看人次为61万次、互动人次为1900万次，强互动、重参与的直播大大助力了门店引流。为促进直播的专业化，居然之家还与多频道网络（Multi-Channel Network，MCN）机构合作，帮助商家、导购做培训，居然之家的各个分公司还通过直播排位赛的方式调动导购和门店的积极性，让消费者与商家在直播中都能有互动和参与感。

比起网购，线上直播购物更有亲切感，更具互动性。

2020 年 2 月 6 日，居然之家宣布携手 78 家门店的上千个品牌商家举行千场淘宝直播，1000 余名来自各大品牌的导购员变身网红主播线上讲解。让消费者了解更多优质家居商品信息的同时，居然之家品牌商家也通过 24 小时不打烊的居然之家同城站实现了线上开工。1000 余名导购以专业的视角，不仅传授了新房装修经验、分享了各种搭配技巧，还在线为消费者解答购买家居建材时的问题。居然之家相关工作人员介绍道，本次直播活动得到了天猫大量的后台技术支持和广告支持。品牌商家足不出户便可在线上开工讲解，针对在北京、天津、郑州、重庆、沈阳、青岛、西安、成都、太原等拥有居然之家同城站的城市，商家可以引导消费者到同城站享受优惠、购买商品；对于没有同城站城市的品牌商家，也可借由此次活动为线下门店之后开业蓄客。

数据显示，2020 年 2 月 6 日，居然之家的直播活动（见图 6-31）共计 3 万人收看，累计观看人次近 15 万，直播间互动超 280 万次，引导消费者进入居然之家官方旗舰店近万次，新增粉丝近万人，引导成交订单为 368 笔，预计实现销售额近千万元。

（a）　　　　　　　　　　（b）

图6-31 居然之家的直播活动

从导购工具到消费方式，同城站、3D 场景关联导购、淘宝直播等集中展示了居然之家数字化转型的成果，覆盖线上线下商品的全渠道数字化链路基本打通，本地化精细运营逐渐成熟。

3. "躺平设计家"打造家装家居数字化新模式

在居然之家 20 周年暨 A 股上市答谢会上，由居然之家与阿里巴巴共同投资成立的"躺平设计家"公开亮相。通过阿里巴巴强大的底层技术与居然之家广泛的场景应用，双方在"设计家"方面的合作再次取得新突破，成功推出升级版的"躺平设计家"，致力为大家居行业提供设计生态价值平台。这也标志着"躺平设计家"作为居然之家新零售与阿里巴巴电商生态目前唯一的官方家装家居设计平台，逐步成为双方合作推动家居家装数字化变革过程中必不可少的重要一环，彰显了线上商业生态与线下卖场零售深度融合的行业潜力。"躺平设计家"平台页面如图 6-32 所示。

图6-32 "躺平设计家"平台页面

"躺平设计家"的 CEO 石梵在会上也传达了产业数字化变革的新动向。他表示，通过提升大众家居设计能力，"躺平设计家"希望赋能线上线下贯通的消费场，以设计为切入点，解决消费体验上的痛点，进而缓解流量焦虑，反向促进市场的良性竞争。

从构建设计师生态价值平台出发，"躺平设计家"以免费、简单、高效的 3D 设计工具赋能设计师，在数字化消费场景和服务链路中，真正实现商品、价格、履约过程的透明化及可追溯化。当设计师更精准地捕捉并满足消费者需求时，商家可以更高效地实现生产、卖货和品牌建设，消费者也能获得更好的服务体验，更加轻松、安心地打造"理想家"。

在赋能行业方面，"躺平设计家"贯通线上线下，构建以设计为入口、场景为中心的数字化链路。"躺平设计家"联动阿里巴巴在技术、电商等多方面的优势，深度赋能软装、硬装、定制等细分领域商家，提供涵盖设计、营销、生产、服务在内的全链路解决服务。从线上设计到线下落地，致力将消费者、设计师、商家聚合在同一个平台实现高效协同，以设计和技术为驱动打通各个流程与环节，充分支持消费决策，提升商业效率，如果消费者喜欢设计图中关联的商品，可以直接线上下单，如图 6-33 所示。

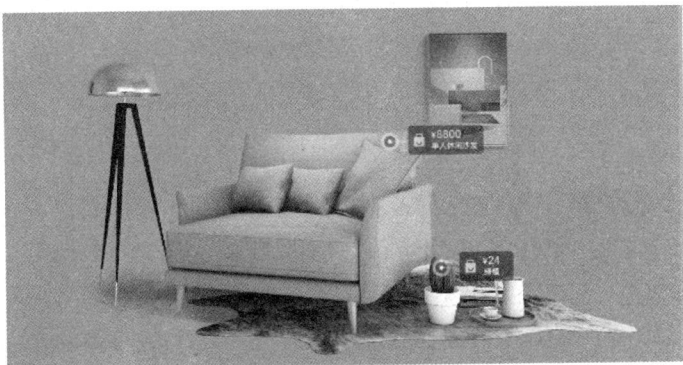

图6-33　设计图可关联商品模型，助力导购变现

4．智慧物流解决新零售"最后一公里"

居然之家的智慧物流以大件家具的配送为特色，"智慧"主要体现在一站式物流解决方案上，居然之家集仓储配送、安装服务、定制加工、品牌展示为一体。居然之家智慧物流网络以人工智能、机器人、物联网、大数据等等新技术为依托，实现库房存货、后期运输、落地配、安装的全流程。在仓储环节，居然之家不仅提供保税、定制仓等各项仓储服务，还可以承担质检、环保检测、报关等一系列被认为"麻烦、琐碎"的工作。在配送环节，居然之家制订了标准，集中统一配送，开启全程可视化功能，大大提高了运输的效率。在安装环节，居然之家与居然管家合作，在关键节点实施全程在线，确保规范。对于每个环节的参与和管控，意味着居然之家从家居品牌到整个家居流通品牌的转变。

5．管家平台服务到家

应新服务要求而生的新零售不能只靠技术落地，商品的配送需要快递人员，家具的安装需要技术师傅，这批居然之家的产业工人就是居然管家。当商品配送到家后，居然管家需要解决安装服务的"最后一公里"。居然管家是一站式的既面向企业也面向个人（Business to Business to Customer，B2B2C）的智能家居服务平台，具备自建服务商、合作服务商技师、链接厂商客服体系的功能，居然管家平台页面如图 6-34 所示。

（a）

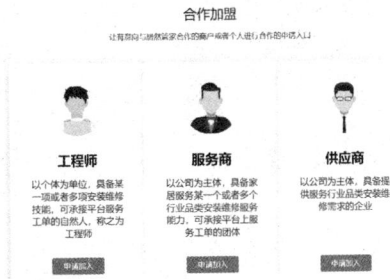

（b）

图6-34　居然管家平台页面

通俗地说，也就是在居然管家平台上，消费者在不同地方、购买的不同商品都能够实现一键下单统一安装服务。在居然管家平台上，有 29 个工种，甚至包括最后的家政服务。这些服务都要求相应人员有一定技术能力，需要一批服务统一、品质稳定的产业工人。

6.5.3　居然之家新零售业务总结

家居行业重体验、重服务、消费低频，存在很多痛点。对于消费者来说，商品价格不透明，行业乱象多，购物时缺少专业信息。对于厂商来说，同质化竞争激烈，内耗严重，获客成本高。过去 20 多年来一直以招商为运营核心的家居卖场也面临着经营选址上缺少数据支持、线下引流乏力、售后服务滞后等难题，如何更好地实现精细化运营是家居卖场乃至整个家居市场应该思考的问题。

2016 年年初，居然之家提出了数字化转型战略，经过多年发展，目前构建了线上线下一体化的新零售家居生态圈，其做法主要有两方面：一是平台数据的基础搭建，居然之家将商品、品牌以及营销数据逐步沉淀到平台上，这是必经阶段，也是居然之家所能发挥的最大价值点；二是数据应用，居然之家有了足够多的数据基础，再通过跟天猫、淘宝等进行合作，打造同城站等对商家、消费者有着实际增益的"新零售工具"。